OKAZAKI
20
LCFC
SEKONDA

鈍足バンザイ!

僕は足が遅かったからこそ、今がある。

岡 崎 慎 司

幻冬舎文庫

鈍《どん》足《そく》バンザイ！

僕は足が遅かったからこそ、今がある。

CONTENTS

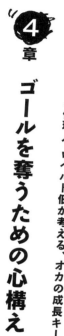

5章

ゴールは人との絆でとれるもの

エゴイスト宣言
2009年16試合15得点
雑念を排除する
理想と現実は、やっぱり違う
ベストゴールの定義
一夫多妻制
裏をとる
原点・宝塚ジュニアFC
空回りキャプテン
ダイゾウさんの想い
先輩に甘える
先輩から感じる
俊さん会

本文デザイン／松山裕一（UDM）
構成／ミムラユウスケ
写真／日刊スポーツ／アフロ（口絵）
協力／スポーツコンサルティングジャパン、ミズノ
編集／二本柳陵介（幻冬舎）

まえがき

２００８年10月。僕はサッカー日本代表に初招集されました。それ以降、ケガのときなどをのぞいてほぼ選出され続けています。キャップ数（試合数）は２０１４年４月１日現在で73。得点数は歴代３位の38を記録しています。

ドイツに移籍後はクラブの試合を終え、代表戦のある日本やアジア各地に移動します。代表の試合が終われば、ドイツに戻り、クラブの練習に加わります。時差に苦しめられながらも、非常に充実した日が続いていると言っていいと思います。正直、こんな選手生活を送れるとは自分自身でイメージしていませんでした。

高校はサッカーの名門、滝川第二高校の出身ではありますが、大きな期待を受けて入った選手ではありませんでした。高校を卒業して運良く清水エスパルスに入ることが出来ましたが、そこでもフォワードの８番手の控えとしてスタートしました。同期入団の選手たちがデビューしていくなかで、最後までピッチに出られなかったのが僕でした。

そんな僕が〝助っ人〟として海をわたり、世界最高峰のひとつブンデスリーガで戦うことが出来ています。足が遅く、特段テクニックもない僕が、どうして今ここにいるのだろうか。最近、それをよく考えます。僕の経験や考え方をまとめることで、誰かの何かのヒントになるかもしれないし、誰かに勇気を与えられるかもしれない、と思うようになりました。

「長所」と「短所」という言葉があります。

一般的には（なんとなくですが）「短所」を克服するよりも「長所」を伸ばすほうが良いとよく耳にしますが僕の場合は違います。「短所＝コンプレックス」から目をそらさないようにしてきました。長所を伸ばすことに力を注がないということではなく、長所を伸ばすことを意識しながらも、短所も心にしっかり据えておくんです。

例えば、「国語」と「社会」が得意で、「理科」と「数学」が苦手だとします。そこで、「理科」と「数学」から逃げて、「国語」や「社会」の力を伸ばすことは簡単です。でも、それだと自分が伸びないと思うのです。

僕は〝コンプレックスの卵〟を大事に大事に温め、そして殻《から》がパカッと割れるように努力していきます。自分の短所に真っ正面から向き合い、少しでも改善出来るように努力を積み重ねていきます。目の前のハードルを避けるのではなく、足をひっかけて転んでもいいから勇気を持って跳ぶんです。そこに成長の芽が潜んでいるのだと信じています。

ただ、面白いことに「短所」を克服しようともがいていると、自然と「長所」も伸びてくるんですよね。知らず知らずのうちに、総合力が上がっていくんだと思います。

「ポジティブ」と「ネガティブ」という言葉があります。

一般的には、良いイメージを持つ「ポジティブ」が大事だとされています。日本代表のチームメイトである圭佑（本田）や佑都（長友）といった選手などは、「ポジティブ」をイメージする天才だと思います。でも、僕の場合は違う。これは性格的なものかもしれませんがまず「ネガティブ」を大切にしています。

まだ自分のなかで整理出来ていないことのひとつではあるのですが、「ポジティブ」なイメージばかりだとなんだか落ち着かないのです。たぶん僕は人一倍プレッシャーに弱くて、臆病《おくびょう》だから、自分で一旦ハードルを下げるのが癖になっているのかもしれません。

6月にはブラジルワールドカップがあります。初戦の相手はコートジボワール。通常は「コートジボワールに勝つ！」自分をイメージするでしょう。でも、僕は違います。ちょっと極端な言い方ですが、「負けることもある」「負けたあと、どうやって次のギリシャ戦に向かおうか」と考えることもあるのです。

これには2つだけ、いい点があります。
1、負けたときにガクッと、落ち込みすぎないで次に向かえる。
2、勝ったときに、「勝ったぁ!!」という達成感よりも「ホッと」出来るので、過度な解放感もなく、次の試合、次のステージに向かえる。
「オカちゃんって、勝ったときに喜びを爆発させることもあまりないけど、負けてもあまり落ち込みすぎないよなぁ」

最近はそんなことを言われることもあります。


足が遅くて、わりとネガティブ。

これ以外にも、僕にはコンプレックスがたくさんあります。コンプレックスの塊《かたまり》と言っていいと思います。人生において、言い訳はいくらでも出来ます。でも、それであきらめるのは早いと思うのです。

僕がどうやって、コンプレックスに向き合ってきたのか。この本にはそれをたくさん書いてみようと思っています。本を書くとなれば、成功体験やカッコイイことを書くのが普通だと思いますが、僕は自分のダメなところをたくさん書こうと思っています。華やかな部分だけ書いても説得力は出ないですし、どんな人だって失敗や試行錯誤があるからこそ、成長することが出来るのだと思います。もちろん、「ここをマネすれば成功するよ！」と押しつけるつもりはありません。僕だって、これから成長し続けないといけないわけですから。

オカザキってめんどくさいヤツだな、オカザキって面白いなって笑いながらも、この本を読むことによって、何かひとつでもヒントが見つかれば嬉しいです。

それにしても……僕の本、誰が読むんだろう？　今、一番の不安はそこです（笑）。横で嫁も言っています。「誰が読むの？」と。とりあえず人気者のウッチー（内田篤人）に宣伝してもらおう！

岡崎慎司

1章

僕はコンプレックスだらけ

鈍足バンザイ！

２００５年。高校を卒業して清水エスパルスに入団したばかりの僕を待ち受けていたのが、エスパルスでフィジカルコーチを務めていた杉本龍勇《たつお》さんだ。その龍勇さんがエスパルスのコーチとかけ持ちして、同じ静岡県にある浜松大学陸上部の監督を務めていた関係で、陸上部の女子選手と僕は、坂道ダッシュで併走することになった。

「なんか、イヤな予感がするなぁ」

不安は的中。勝ったのは女子大生のほうだった。何本走っても、全く歯が立たなかった。

あれから、ずいぶんと時間がたった。龍勇さんが２０１０年までコーチを務めていたエスパルス時代はもちろん、２０１２年からは龍勇さんと個人契約をさせてもらい指導を受けるなかで、当時よりはずいぶん足が速くなった。

それでもまだ、僕はサッカー選手として鈍足の部類に入る。

ドイツで最初に所属したシュツットガルトでもそうだった。チームに入団してから1年半がたった２０１２年の夏。シーズンが始まる前に体力測定の一環として、短距離走のタイムを測った。

結果は、全体で2番目に遅いタイムだった。チームメイトは少し驚いていた。龍勇さんと出会ってから足が速くなったのは間違いない。にもかかわらず、2番目に足が遅かった。

現在、所属しているマインツでも、足の遅さはバレている。かつてJリーグでもプレーした経験があり、日本語も流暢《りゅうちょう》に操《あやつ》る韓国人のチームメイト、パク・チュホにもこんなことを言われた。

「オマエ、なんか、アシ遅《おせ》ぇーなぁ」

でも、足が遅くて良かったなぁと僕はいつも思っている。

足が遅いという強烈なコンプレックスがあったからこそ、今の僕があると確信しているからだ。足の速さではチームメイトに負けるから、たくさんのゴールを決めるにはどうすれば良いのかを常に考えてきた。足が遅いから、龍勇さんの提供してくれるトレーニングに全力で取り組むことで少しずつ速くなる喜びを実感出来た。

僕は自分に期待しない。妙な自意識も持っていない。

足が遅いと認める行為は、自分はダメな選手だ、と受け入れること。そこからすべてはスタートした。ダメな自分だからこそ、サッカー選手として成長するために、考え抜いてきた。

その結果、海外移籍も果たせたし、日本代表でも得点を積み重ねることが出来ている。たとえ、華麗なテクニックがなくても、他の部分で補えればいいと思う。真司（香川）のように「上手い」と言われる選手と出会っても、絶望することはない。もちろん、自分もスタジアムを沸《わ》かせるようなテクニックを身につけたいと思うし、そのための努力だっていとわない。ただ、足が速くなくても必要とされる選手になれるように、上手くドリブル出来なくても同じように必要とされる選手になれるということも、僕はわかっている。

サッカーは、足を使うスポーツ。手で操るのと同じように足でボールを扱うことはほとんど無理。だから、サッカーではミスが起こる。むしろ、ミスばかりだから、そこに勝機がある。

鈍足によるコンプレックスやハンディキャップを補う方法など、いくらでもある。足が遅くて、その競技で一流になるのをあきらめなければいけないのは、陸上の短距離走くらいではないだろうか。僕は足が遅いと認めたから、自分に何が出来るのかを考え、成長するための過程に力を注げる。そして、その過程が実に楽しい。

28歳になった今でも、チームの練習が終わったあとに最後まで居残りのトレーニングに取り組む。夕方からの練習のときは、グラウンドの照明を消されるまでボールを蹴っていることもある。小学生のときも最後までボールを蹴っているサッカー小僧だったが、それは、今でも変わらない。変わったと言えるのは、ただガムシャラにボールを蹴るだけだった僕も、サッカーについて考えるようになったこと。そして、あのころよりもサッカーを好きになったということだ。

足が遅かったから、今の自分がある。僕はそこに幸せと伸びしろを感じる。

（ちなみに先日、チームで20m走の記録を測った。結果は14番目の速さだった。やっぱり遅い……）

ガムシャラバカからの脱却

小学生のころは、かろうじてリレーの選手に選ばれることもあった。どちらかと言えば、足が平均より少し速いくらいの位置づけだったと思う。ところが、中学校、高校と進んでいくうちに、立場は変わっていった。

「あれ、おかしいな」

初めのうちは、違和感を覚えるくらいだった。だが、学年が進むにつれて、それまで僕より足の遅かったヤツと同じくらいになり、同じくらいの速さのヤツと一緒に走ると僕は置いていかれるようになってしまった。

「これ、ヤバいな？」

高校生のときには鈍足を認めざるを得なくなった。

僕なりに足を速くしようと努力はしていた。20ｍを1人で全力疾走する。これを何百回も繰り返したけれど、一向に速く走れるようにはならない。高校生の考えることなんて、たかが知れていた。

そんな状態のままプロになった僕は、清水エスパルスの最初の練習で驚かされたことがある。走るメニューが中心のフィジカルトレーニングを始める前に、その意味と効果を丁寧《ていねい》に説明してくれたのだ。そんな人、それまでいなかった。だから、あのときの龍勇さんの言葉を今でもよく覚えている。

「これから限界を取っ払うぞ。オマエたちは、速くなれる！」

マンガの熱血コーチのようなセリフだった。

自己流の努力では成果を得られなかった僕は、この一言に震えた。実際、龍勇さんの説明を聞けば聞くほど、僕の考えていた単純な20ｍのダッシュは意味のないものだと思い知らされた。龍勇さんに言わせれば、それまでの僕は地面にバタバタと足をつけていて、みっともない走り方をしていたそうだ。

例えば、速く走ろうと思ったときに普通はどう考えるでしょうか？　太ももを高く上げて、足を素早く回転させようと考えますよね。もちろんこれは大事なこと。でも、龍勇さんの指

現在は杉本龍勇さん（右）と個人契約を結んで指導を受けている。

導は、足を地面につけたときの反動を活かすことで自然と足が前に行き、スピードが上がるという考え方なのです。

プロとして過ごした最初のシーズンの終わりに、龍勇さんには個人的に声をかけてもらった。

「もっと足を速くさせてやるよ」

その言葉に僕は飛びついて、シーズンオフの期間に浜松大学の陸上部の練習に足を運び、指導を受けるようになった。それは翌年以降も続いた。

そうやって龍勇さんの理論に従っていくうちに、僕のカラダのパフォーマンスも進化していった。前の項でも触れたように、足がものすごく速くなったわけではない。ただ、運動神経は良くなっていった。結果、それまでよりも長い距離を走れるようになったし、何より疲れにくくなった。それに加えて、最初の一歩を素早く、遠くまで踏み出せるようにもなった。

例えば、僕は相手のディフェンダーを置き去りにして、ゴールキーパーと1対1の場面を作ることが多い。ものすごく足が速い選手ならともかく、僕が相手のディフェンダーの選手たちを置き去りに出来る理由のひとつは、最初の一歩を上手く踏み出せるから。

ただ、龍勇さんと出会って変わったのは、カラダの使い方だけではない。ガムシャラに何かに取り組むだけではダメだと思えるようになったことも大きな発見だった。もし、龍勇さんと出会っていなければ、僕は今でもガムシャラに20m走を繰り返していただけかもしれない。それでは足が速くなることもなく、走るスピード以外の部分を今の自分のように磨くことも出来なかったはずだ。

「ガムシャラに頑張っているだけでは一向に前に進まないぞ。何をすべきかを考え、その上で必死になって取り組むんだ！」

龍勇さんに言われたことは、今も心に刻んでいる。

僕は周りのことが見えなくなるタイプだから、ガムシャラに何かに取り組むのは得意なほうだ。ただ、全力を注ぐ前に、正しい方法、方向を見極めないといけない。それを教えてくれたのが龍勇さんだった。

チビでも大丈夫

鈍足なだけではない。僕はフォワードの選手としては、背が低い。身長は174cm。そんな僕がマインツでは1トップ、最前線にいるたった1人のフォワードとしてプレーしている。シャルケ04のエース、フンテラールは186cmだし、バイエルン・ミュンヘンのマンジュキッチは187cmもある。

ただ、昔から足のサイズだけは大きかった。だから、周りの人たちは僕の大きなサイズの靴を見るたびに、こう言ってくれた。

「きっと背も高くなるね」

僕もそれを信じていたけれど、残念ながらそうはならず……。順調に伸びていた身長も高校1年生になると、ピタッと止まってしまった。

それでも、一縷《いちる》の望みはあった。僕の父が高校入学以降に20cmも背が伸びたと聞いていたからだ。父のように背が伸びないかな？　と期待したけれど、一向に伸びる気配はなかった。

ただ、よく考えたら父の身長は現在165cm。遺伝ですね、これは。

それでも、不思議と背の高いフォワードに憧《あこが》れることはなかった。これは決して負け惜しみではなく、「背が高くてうらやましい」と思えるような長身の選手が周りにいなかった。

「背が高いヤツは、えてして動きが鈍いなぁ」

失礼ながら、小、中学生のころから、そんな風に見ていた。

幸運だったのは、指導者から、背の低さを短所として見られなかったことかもしれない。

「背が低いからフォワード不適格」という烙印《らくいん》を押されなかった。


小学校から中学校まで所属していた宝塚ジュニアFCの山村俊一コーチが、繰り返し教えてくれたのが、ダイビングヘッドだった。

「恐れずに、アタマから突っ込んでいけ！」

足で合わせられる低い弾道のボールにも、飛び込んでアタマで押し込むように刷り込まれた。アタマから突っ込むのを怖がっていると、お仕置きにジャイアントスイングというプロレスの技をかけてくるようなコーチだった。最近、僕の生え際はだいぶ後退しているけれど、あの練習のせいで毛根が破壊されたのかもしれない。ダイビングヘッドの練習を何万回も繰り返したから。

チームを卒業する際にコーチから贈られた言葉も「一生ダイビングヘッド」。山村さんの教えに嬉々として従っていた僕は、ダイビングヘッドがトレードマークになった。

滝川二高のコーチを務めていた荒川友康《ゆうこう》さんもそうだ。名門高校に入った僕だけど、当初から期待されていたわけではなかった。1年生だけで11人のチームを組んだときも、僕はスタメンに選ばれる存在ではなかった。

荒川さんはアルゼンチン代表の通訳兼コーチをした経験もあり、練習の前後によくアルゼンチンのサッカーの映像を見せてくれた。

当時の僕は今と変わらず、テクニックはなかった。フォワードとして最前線に立つ僕は、後方の味方からのパスを受けても、ガムシャラに前を向いてシュートを打つくらいしか出来なかった。視野が狭い上に、味方を活かすようなパスも出せなかったからだ。それでも、パスを受けてから闇雲《やみくも》に「まずシュート」を打とうとする僕のプレーを荒川さんは気に入ってくれた。力強く、サッカー大国アルゼンチンの選手みたいだと評価してくれた。

「今のオマエはただの石っころだ。でも、磨けばダイヤになる可能性がある」

当時、かけてくれた言葉は今でも忘れない。荒川さんから背の低さを問題にされたことなど、一度たりともなかった。その荒川さんの進言もあり、僕は毎年冬に行なわれる全国高校サッカー選手権大会で1年生ながら試合に出るチャンスを得た。しかも、当時在籍していた3年生の兄とこの大会で一緒にプレーする幸運にも恵まれたのだ。

ダイビングヘッドという強固な武器
〝まずシュート!〟という強い意識

先天的に持っていたストライカーとしての本能を見出《みいだ》してくれたコーチがいたから、自分の能力を磨くことに一生懸命になるだけで良かった。背が低いことを言い訳にしたり、腐ってあきらめてしまったりするヒマもなかった。

2014年1月25日のシュツットガルト戦で僕が相手のディフェンスラインの裏のスペースへ飛び出してゴールを決めると、マインツのハイデルGMが、こんなことを言ってくれた。

「センターフォワードに身長が必要というわけではない。キミは我々が求めていたタイプのフォワードなんだ」

ハイデルさんは高い移籍金をシュツットガルトに支払い、僕のことを獲得すると決断してくれた人。ハイデルさんはドイツ人。日本人よりも体格に恵まれているドイツ人のハイデルさんから、そう言ってもらえたことは嬉しかったし、強い期待を感じた。

背が低いからセンターバックは出来ない?

不器用だから大工さんにはなれない?

そんなことはないと思う。

基本、ネガティブ

僕は、ピッチ上では泣けない。

泣きたくないと強く思っているわけではないけど、涙は出てこないタイプ。

2010年に行なわれた南アフリカワールドカップで、パラグアイに敗れたあとでさえ、僕は泣いていない。

大会の直前にレギュラーの座を失ったけれど、腐っていたわけでも、疎外《そがい》感を覚えていたわけでもない。チームの一員として精一杯戦っていた。それは自信を持って言える。では、なぜ泣けないのか？

「まえがき」でも書いたけれど、僕はいつも、ネガティブなイメージを抱えている。サッカーは勝負ごとなんだから、負けるかもしれないと、心のどこかで備えている。だから、「勝ちたい！」と思うのと同時に、負ける可能性も心のどこかで覚悟しているのだと思う。

「やりきってないんじゃないの？」と思われても仕方ないけれど、そんなことはない。100%やりきっている。僕は基本的に、「ネガティブ」系なアスリートなのかも。

スポーツの分野に限らず、ビジネスパーソンの間でもメンタルトレーニングは流行《はや》っているし、実際に効果もあると思う。その大半が、成功する自分、理想の自分をイメージして、そこに向かってポジティブに行動するもの。これまでお世話になってきた人たちからも、そうしたメンタルトレーニングに取り組んでみないかと誘っていただいた。でも、いつも丁重にお断りしてきた。なぜなら、自分には合いそうもなかったから。

大事な試合が控えていたとする。正しい準備の仕方として想像されるのはこうだろう。音楽を聞いて集中力を高める。自分を奮い立たせるような大声を出して、気持ちを盛り上げていく。そして、活躍する自分をイメージする。

一方、僕は試合前にこんなことを考えている。

「試合、始まらんで欲しいなぁ……」

「相手のディフェンダー、ごっついやん」

怖い。試合が始まるのが怖い。プレッシャーを楽しむなんて、もってのほかだ。僕はプレッシャーに弱いタイプ。プレッシャーなんて大嫌い。決定機で外したらどうしよう。周りの人の期待に応えられなかったらどうしよう。そんな考えがアタマのなかをグルグル回っている。

「試合前の高揚感が、オレを奮い立たせてくれる！」

そんなカッコイイセリフを言ってみたい気もするけれど、そうは思えない。

ただ、「ピーー‼」っと試合開始の笛が鳴れば、不思議とそこからはスイッチが切り替わり、無心になれる。スペースを探し、ゴールを常に狙い続ける。相手のディフェンダーと執拗《しつよう》に駆け引きしながら、ボールを追い続ける。チャンスボールが来れば、縮こまることなく冷静にシュートが打てる。

これはどうしてか。専門家に言わせればきっと違うんだろうけれど、「緊張感」「重圧」という負のエネルギーを溜《た》め込み、それを正のエネルギーにパッと上手に切り替えられるタイプなのかもしれない。

結局、僕はものすごく臆病《おくびょう》なのだ。

だから、最悪の事態を想像して、気持ちをなえさせておく。つまり、自分へのハードルを下げておく。そこまでして、なんとか試合に臨む。自分が臆病だとわかっているからこそ、謙虚に戦える。一見、僕は熱血漢に思えるかもしれないけれど、かなり冷めた部分を持って戦っているのだ。

試合でゴールを決めれば、「嬉しい！」よりも「ホッとした」という感じ。

試合で勝ったら「よっしゃー」ではなく、「よし」という感じ。

試合に負けたら「悔しい！」よりも「反省を次に活かそう」という感じ。

試合でゴールを決めなければ、「情けない！」よりも「悔しいけれど、上手くいかない日もある」と切り替える。

そして、試合の前に楽しめないかわりに、試合が終わったら、「やっぱ、サッカーって楽しいなぁ」と幸せな気分になれる。オカザキ流「ネガティブ思考」は強くなりたくてもなれない自分なりの方法です。

不真面目かっ！

自分で定めた日課を守れない。昔からそうだ。

朝は決まった時間に起きて、夜も同じ時間に布団に入ろう。そんな予定を立てたところで、2日と持たずに崩れてしまう。

サッカー選手のなかには、日々の練習や試合で気づいたことや課題をノートに書いてまとめる人も多い。俊さん（中村俊輔）、ハセさん（長谷部誠）、圭佑などもそうだ。

「サッカーノートをつけて、たまに見直すといいよ」

そうすすめられて僕も試したことはあるけれど、3カ月も続かなかった。それに、ノートに書く内容がほとんど同じことになってしまって……。

「オレには書くより、考え続けることが大事やな」と都合のいいように自己分析。ノートはたぶん、家のどこかに眠っている。ちょっと前に流行ったハセさんに対する「真面目かっ!」じゃないけど、「不真面目かっ!」と言われても仕方ない。

サッカー選手に限らず、ジンクスを大切にする人は多いと思う。試合前にいつも同じ音楽を聞いたり、グラウンドには右足から入ると決めていたり、時計は両腕につけると決めていたり……。でも、僕の場合、こだわりは何もない。仲間から驚かれるくらいにこだわりがない……。試合前のバスでは、ウッチーから耳にイヤホンを入れられ、されるがまま、彼の好きな音楽を聞かされていたり(笑)。

僕の場合はむしろ、積極的にルーティンを崩していき、その過程を楽しんでいたりもする。伸ばしていたヒゲを気分で試合前にそってみたこともあったし、それまで日課にしていた試合前のシャワーをやめてみたこともあった。

ルーティンで行動すれば、大舞台でも力を発揮出来るようになると言われることは多いし、それはわかる気もする。

でも、パターンをどんどん破っていくことで新しい発見があるかもしれないし、新しいことにチャレンジしようという意志が生まれたり、自分の新たな一面が顔をのぞかせたりすることもあるんじゃないかな。

例えば、時差ぼけを上手く解消出来なくて、ちょっとカラダが重かったりするときは当然あるんだけれど、逆にそういうときだからこそ普段よりもリラックスして、楽な気持ちでボールを蹴られたりする。そんなことが僕にはよくある。肩の力が抜けて、敵の動きを落ち着いて見ることが出来て、気がつけばいつもより良いプレーができる。

「あれ、なんか上手くいったな」

そう感じる瞬間がけっこうある。

もちろん、規則正しい生活をするのは大事だし、時差も上手くコントロールするのがプロなんだけど、それが出来ないからと言って、気持ちが大きく乱れることもない。

普段もそう。家族旅行で念入りにスケジュールを組んでいたのに、大雨で外出するのが難しくなった。ずいぶん前から準備していたのに……。旅先で思うようにいかないとき、夫婦には衝突の危機が訪れる。でも、僕は全くと言っていいほどイライラしない。

「ほな、今日はホテルでゆっくりしようか」

そんな風に言って、(主に計画を立ててくれる)嫁にあきれられることもあるけれど、楽

地元マインツの新聞より。

しい旅行中にイヤな気分にならずにすむわけで（笑）。

そんなおおらかな？（適当な？）性格がサッカーに活きたのが、２０１３年の最後の試合だった。

苦戦が予想されたハンブルガーＳＶとのアウェーでの試合で、僕は2ゴール、1アシストを記録。この試合のすべてのゴールに絡《から》んで、移籍した最初の年の最後の試合で、チームのみんなに恩返しが出来た。ドイツの新聞や雑誌から、その週のドイツで最も素晴らしい活躍を見せた選手に選ばれ、地元マインツの新聞でも一面で大きく報じられた。

「ARIGATO, OKAZAKI-SAN!」

ドイツの新聞に、ローマ字表記の日本語がドカーンとおどっていた。自分はストライカーなのだと信じて、取り組んできたことが実り本当に嬉しかった。

実は、この試合の前に、普段の試合で使っているスパイクが壊れてしまっていた。スパイクは消耗品。いつ壊れてもいいように、いつもなら予備のスパイクを用意しているのだが、うっかりしていて同じ型のスパイクの予備を切らしていたのだ。もちろん、契約しているミズノの担当の方に頼んで、日本から送ってもらう方法がなかったわけではない。でも、送ってもらっても間に合うかわからなかったし、足にスパイクを馴染ませる時間もなかった。

僕が思ったのはシンプルなことだった。

「ま、えぇか」

ピッチでは継続して取り組んできた成果が出たけれど、助けてくれたのはいつもとは違う型のミズノのスパイクだった。

当然、スパイクにはこだわりがある。「試合で最新型を履く」ことで宣伝になるから、ミズノに迷惑をかけてしまったことは反省しているけれど、トラブルに心をかき乱されないことも大切なんだと思う。

子どものころ、冒険家になることを夢見ていた僕は、学校から家に帰るルートもしょっちゅう変えていたし（帰路も子どもにとっては未知なる冒険！）、母親が予定をコロコロ変える人だったこともあって、スケジュールが急きょ変わっても、「わかったよ！」って、難なく受け入れるようになった。

もしも、いつもと同じもの、同じ環境がないと、思うようにプレー出来ない性格だったら、昨年末の活躍もなかったかもしれない。

プロのサッカーは出入りがとても激しい。監督も突然代わったりするし、コンビネーションが良くなってきた相棒的選手が突然移籍したり。そういう変化にアジャストするためにも、車のハンドルのアソビ、じゃないけど、「心のアソビ」部分は残しておきたいなって思う。

こだわりは、ほどほどに。

変化やトラブルを楽しむくらいが僕の場合は、良いのかもしれない。と、だらしない自分を肯定する項をお届けしました（笑）。

視野が狭い

日本代表のなかで、僕は最も目が悪い選手かもしれない。と言っても、普段から牛乳瓶の底のような分厚い眼鏡をかけなければいけないという話ではない。

視野が狭い。

サッカーの世界では、よくそんな表現をする。僕は目の前のことしか見えない、ものすごく視野の狭い選手なのだ。

これにはけっこう悩んでいた。周りが見えなくなって、独りよがりのプレーをしてしまって反省することも多かったし、今のままでは成長出来ないと忠告を受けたこともあった。

あるとき、そんな自分のために知り合いが貴重な機会を作ってくれた。オリンピック競技でもあるクレー射撃の経験者の方が、さまざまな道のエキスパートたちと会わせてくれたのだ。そのなかに視野とピントを合わせる力がどれくらいなのかを測る人がいたので検査をしてもらうと……。

「キミは、目の前のものを見る能力がずば抜けているよ」

どうやら僕は2つのものを同時に視界に捉える能力が極端に低いらしい。周囲の様子を視界に入れながら目の前のものを見ようとするとき、上手くピントを合わせられない。そのかわり、目の前のものを見つめる能力だけは、ずば抜けているそうだ。

心強いアドバイスだった。「なんで周りが見えないんやろう?」と悩んでいた僕が、「目の前のことをくっきり見る能力はあるんや」と考えられるようになったからだ。

そのアドバイスが活きたのが、2013年にブラジルで行なわれたコンフェデレーションズカップ（以下コンフェデ）だった。この大会で僕はイタリアとメキシコという強豪国からゴールを奪うことが出来た。

「オカザキは格下相手からしかゴールを決められない」

そんな世間の声は以前から耳に入っていて、僕も気にしていたから、強豪チームからゴールを決められたことは大きな自信になった。

ちなみに、マインツのトゥヘル監督はこの大会での僕のプレーをテレビで見て、クラブ側に一刻も早く獲得するようにかけ合ってくれたらしい。あの2点は、僕の未来への扉を開いてくれたゴールでもあるのだ。

実は、あの大会に僕はある決意を持って、臨んでいた。

周りの様子を見ないで、ひたすら「ゴールだけを見る!」ということだ。

視野の狭い僕は、色々なものを見ようとして失敗していた。また、大会前のシーズンに余計なことを考えたり、色々なところを見ようとしたりして上手くいかず、不本意な1年を送っていたことも、その決意を後押しした。

「思いきって、ゴールだけを見よう。エゴイストになってみよう」と。

3試合目のメキシコとの試合では、こんなやりとりがあった。

前半、ペナルティエリア内にいた僕は、転びながら強引にシュートを放った。しかし、ボールはゴールの左にそれてしまった。

「なんで、パスを出さないんだ！」

近くにいた圭佑の声が聞こえた。普段ならば、「悪い悪い」と言ってしまう僕も、このときばかりは言葉を返した。

「オレは自分なりのちゃんとした考えがあって、やっているんだ」

圭佑はこちらの話にも耳をかたむけてくれる選手だから、それ以上、文句を言うことなどなかった。ただ、そこまで言うなら僕も結果を出さないといけなかった——。

そして、後半41分に僕はゴールを決めることが出来た。

ゴールを決めるのは自分のためでもあるけれど、チームを勝たせるために必要だ。「オカザキは強豪相手には決められない」という見方を少しだけ覆《くつがえ》せたし、大舞台に弱いというコンプレックスも少しだけ克服出来た気もする。だから、ひとつの決意を持って戦った強豪との3試合で2つのゴールを決められたことは自信にもつながった。

この「エゴイスト宣言」で、ひとつの大きな発見があった。

ゴールだけを見ようと集中して結果を残せたことで、自然と余裕が生まれた。おかげで、少しずつではあるけれど、ゴール以外の部分も視界に入るようになってきた。

大会後に加わったマインツでは、2014年の4月1日現在、11ゴールを決めている。これもまた、周囲の状態を余裕を持って見られるようになったからだ。

ゴールを見ることだけに集中する→多くのゴールを決める→そこから余裕が生まれる。「ゴール」という幹をくっきり捉えることで、今度はゴール以外の枝葉部分も目に入るようになったのだ。

最近になって気づいたのは、そうした考え方は他にも応用出来るということ。余計なものをシャットアウト出来れば、不器用な人間でもそれなりの成果を手に出来るような気がしている。

2013年の8月。僕にとってブンデスリーガで迎える4シーズン目、開幕戦の相手は古巣シュツットガルトだった。最後のシーズンは悔しい思いばかりだったから、みんなを見返したい。それに、新しくマインツの選手として迎えるこの試合でゴールを決めることが出来れば、チームメイトやファンからも信頼を得られるはずだ。さまざまな思いが交錯《こうさく》した。

「やっぱり、古巣との試合だから力は入りますよ」

僕はそんな風に話していたし、シュツットガルト時代にチームメイトだった、高徳《ごうとく》（酒井）も記者の人たちにこんなことを話していたという。

「シンジさんは気合いを入れて挑んでくるでしょうね」

その通りだった。

シュツットガルトとの試合では一進一退の攻防が続いていたが、後半20分に得意としているディフェンスライン裏への飛び出しから、ペナルティエリア内でパスを受けて、マークについていたディフェンダーの股《また》の間を通してシュートを決めた。

待ちこがれていた最高の瞬間だった。

僕は思いきり飛び上がり、大きくガッツポーズをして〝しまった〟。しかも、とびきりの笑顔で……。

ヨーロッパでは、古巣相手にゴールを決めたときには関係者やファンへのリスペクトを込め、喜ばないのが一般的だ。僕だって、シュツットガルト時代のファンに感謝の気持ちを忘れたわけではない。にもかかわらず派手に喜んでしまったのは、相手がシュツットガルトだということを忘れてしまうくらい、目の前のプレーに集中していたから。

これまでの僕は大一番になると思うように結果を残せなかった。気負いすぎていたし、プレッシャーに弱いからでもある。だからこそ、対戦相手や開幕戦の意義など、プレー以外のことを一切考えないようにした。余計なことを考えずにいられたからこそ、あのときの僕は無心でゴールを決められた。細かいことだけれど、あの場面で股の間を通せたのは、冷静に敵の様子を見定めることが出来ていたからだ。

試合後にはシュツットガルトでお世話になった人たちに挨拶に行ったし、メディアを通して、こんなことを伝えた。

「本当はあんなに派手に喜ぶべきじゃなかったのに、申し訳ないことをしてしまいました」

言うなれば、「闘牛スタイル」。目の前にゴールという赤い布が見えたら、そこに向かって牙を向き、突進して、ゴールを射貫く。目の前のものを徹底的に見続けることで、逆に周りも掌握《しょうあく》出来るということ。コンフェデ以降、このスタイルを身につけたことは、僕の大きな分岐点となった。

猪突〝盲〟進

力が入りすぎて、失敗する。

僕は、失敗を繰り返してきた。

よく空回りしていたなぁ。照れくさいような、恥ずかしいような気持ちであのころを思い出す。

名門に数えられる滝川二高の3年生になるにあたり、僕はキャプテンに立候補した。これはあとから知ったことだけど、「うちの高校ではキャプテンを投票で選ぶのですが、オカザキはうちの高校史上初めて自らキャプテンに立候補した選手です」と顧問の黒田和生《かずお》先生は雑誌のインタビューで話していたらしい。

自ら立候補するきっかけとなったのは、僕が2年生のときに行なわれた高校選手権が終わったあとに、当時の3年生のキャプテンからこう言われたからだ。

「オマエにあとを継いでもらいたいんだ」

「高校の3年間では試合に出られないだろう」と入学時に言われた僕だけれど、幸せなことに、高校生にとって最高の舞台である選手権では1年生のときから2年連続、試合に出してもらえていた。その経験が前提にあり、前キャプテンの話に背中を押された。僕らの学年には将来はキャプテンになるだろうと思われていたヤツがいたのだけれど、その彼と話をして、こう伝えた。

「オレにキャプテンをやらせてくれへん？　オマエは、副キャプテンをやって、一緒にチームを盛り上げてくれへんかな？」

そんなやりとりを経て、一応、最終的には部員による投票で信任(？)してもらい、僕がキャプテンに就任した。

ただ、模範的なキャプテンには、ほど遠かった。

3年生だけで出場した近畿大会の決勝戦で、僕らは草津東高校に0－8で敗れてしまう。大敗だ。僕らも責任を感じたけれど、当時コーチを務めていた荒川さんも責任を感じたようだった。後日、アタマをそり、ボウズにして練習場にやってきたのだから。

「コーチが責任を感じているのに、キャプテンのオレが感じないでどうする!?」

そう思い、僕はすぐにバリカンを手にしてボウズにした。そして、みんなにも呼びかけた。

「うちの高校の恥をさらしたんだから、みんなもボウズにしよう！」

さすがに、これにはたくさんの反対意見が挙がった。髪の毛を伸ばしてオシャレをしたいという単純な意見もあったが、問題は他にあった。

「キャプテンとはいえ、なぜ、みんなで話し合う前に先走ってボウズにしたんだ！」

その通りだった。怒りの声が次々と自分に降りかかってくる。キャプテンにもかかわらず、みんなの前で僕は大泣きしてしまった。

猪突〝盲〟進。

ボウズ事件で明らかになった僕の性格を表すと、そうなる。

プロに入ってからも、こんなことがあった。

2010年6月から始まるワールドカップを控えた、3月13日のモンテディオ山形戦。エスパルスの一員として先発した僕は、〝やらかしてしまった〟。

チームが2点をリードしていた試合終了間際のことだ。無理することなくリードを守りきることだけに専念すれば良い場面で、相手チームのボールを奪おうと飛び込んでいった僕は、相手選手と激しく衝突。自分の前歯の付け根を折ってしまった。歯が口の奥に向かって生えているような悲惨な状態になった。

それまで、自ら交代を申し出たことなどなかった僕でも、このときばかりはベンチに向かって自分からバツのマークを出さざるを得なかった。

この試合では自らゴールを決めて興奮していたし、シーズン初勝利をつかもうと意気込むあまり、無茶なプレーに走ってしまった。この3カ月後にワールドカップが控えているという事実も、僕を強引なプレーに駆り立てたのかもしれない。

チームがリードしていて、自分のためにも、チームのためにも無理をするべきではない場面で、相手に突っかけていった。

結局、山形戦で途中交代をした僕は、翌週の試合の前に、チームのドクターから「本当に危険だから、試合に出るのはあきらめるように」と宣告された。チームの戦いをテレビで見守ることしか出来ず、歯がゆい思いをしたのを今も覚えている。僕の前歯はもうなかったけど……。

ちなみに、高校時代のボウズ事件は、部員同士でさまざまな話し合いをした結果、3年生全員がボウズにすることになった。多感な時期だから、丸坊主と言うよりオシャレ坊主と称したほうがしっくり来る髪型にしたヤツが3人いたけれど、それで十分だった。

思えば、高校3年生になってからの僕は、キャプテンとしてどうふるまうべきかと悩んでばかりいた。

サッカーにはチームのキャプテンとは別に、ゲームキャプテンと呼ばれる役職がある。例えば、2010年のワールドカップではチームキャプテンは川口能活《よしかつ》さんだったが、ゲームキャプテンはハセさんが務めた。

高校3年の夏、僕がキャプテンとはどうあるべきかに悩み、苦しんでいるのを見かねた黒田先生からこんなことを言われたことがある。

「一度、ゲームキャプテンを降りてみろ」

チームのキャプテンではあったけれど、試合では他の選手にキャプテンマークをゆずり、僕がゴールを狙うことに集中出来るように配慮してもらった。

ボウズ事件は僕の性格が出た典型的な出来ごとだけど、1年を通して、キャプテンであるという責任感から、前のめり気味な日々を過ごしていた。

だから、だろう。

悩むことは多かったけれど充実したキャプテンとしての1年間を終えてプロに入った僕は、サッカーに集中することが出来た。楽な気持ちでボールを蹴れた、という感じだった。

猪突〝盲〟進で、痛々しい。

前のめりで突っ込んでいくから、苦い経験を積める。その経験は、自分の財産となる。成功から学ぶことよりも、失敗から学ぶことが多いとはよく言われるけれど、まさにそうだ。

思考が単純

「オマエ、単純だなぁ」

よく言われるけれど、その通りだ。でも、単純さって強みにもなるんじゃないかな。

僕は小学校の卒業文集にこう記している。

「夢はサッカー選手になって、日本代表になって、ワールドカップで優勝する」

2005年にプロになり、その3年後には日本代表に選ばれ、2010年のワールドカップに出場して、ゴールも決めた。「優勝する」という目標以外は、一応、すべて達成してきた。なぜ、卒業文集にあんなことを書いたのか。理由は単純。マンガ『キャプテン翼』の翼君に憧れていたからだ。

「あのセリフ、カッコ良かったな。オレもあんな風に書いてみるかな」

「ワールドカップで優勝する」というセリフがマンガに出てきたのを覚えていた僕は、それをそのまま書いたに過ぎない。

小学2年生でサッカーを始めたころは、毎日のように兄と一緒に近所の公園でサッカーをしていた。ただ、ここまではよくある話。ちょっとだけ誇らしいのは、僕らが裸足《はだし》でボールを蹴り合っていたこと。もちろん、これも『キャプテン翼』の影響。あのマンガのなかでもサッカー大国・ブラジルが描かれていて、子どもたちはみんな裸足でサッカーをやっていた。それをマネしていたわけだ。龍勇さんによれば、子どものころに裸足でスポーツをすると脳や運動神経の発達にも良いらしい。

マンガは世界に誇る日本の文化だとか、そんな大きなことを言うつもりはない。ただ、単純な憧れは案外、力になる。

あまりに単純すぎる。

そう思われるかもしれないけど、その単純な思考が僕を走らせてきたことは事実なんだ。

誰かにほめられたい

「オマエはなんのためにサッカーやっているんだ？」

サッカーの指導者が、そんなセリフとともに子どもを叱りつけることがよくある。そして、たいていの場合はこう続く。

「サッカーが好きだから、上手くなりたいからやっているんだろ？」

でも、僕はほめられたいからやっていた典型的な人間。世間からするとダメな例にあたるのかもしれないけれど、僕はプロに入ってからもそんな気持ちを持ち続けていた。


すでに書いてきたが、僕は清水エスパルスにかろうじて入ることが出来たくらいで、フォワードとしては8番手だった。当時はサテライトと言って2軍にあたるチームの試合も定期的に行なわれていたけれど、そこでも簡単には出られなかった。チャンスがめぐってきたとしても、フォワードではなかったりもした。僕よりも序列が上のフォワードが7人もいたのだから当然だ。ケガ人の出たポジションや、チームのなかで手薄なポジションでどうにか使ってもらえた。

よくボランチとしてもプレーした。フォワードの選手が、ボランチとしてプレーする。しかも、不器用な僕が。上手くいくはずはなかった。

「なんで、そんなポジショニングなんだー？」

「小学生でも止められるボールだぞ！」

動き方がわからないからどなられ、ボールをまともにトラップ出来ないから叱られる。ボロクソに言われた。でも、実力がないから仕方ない。

「す、すみませぇん！」

謝ってばかりだった。今に先輩や監督を見返してやろう、なんて生意気な口をきける立場でもない。

アタマのなかにあったのはただ、先輩たちに「ほめられたい」という思いだけだった。志が低いかもしれない。でも、本当にそれだけだった。

幸運だったのは、チームの練習が終わったあとに、現役時代にエスパルスで活躍したこともあるコーチのサントスさんや、当時アシスタントコーチだった宇野陽《あきら》さんが、高校生がやるような基礎トレーニングで僕のことをしごいてくれたことだ。

そうした人たちの助けもあったたし、プロに入ったときに超がつくほどの下手クソだったこともあり、ごくたまにではあるけれど、良いプレーをすればほめられるようになっていった。

「最近、ちょっと上手くなったんじゃないか？」

練習後のロッカールームで、さりげなく言われたその一言だけで嬉しかった。もちろんサッカーが大好きで、全力で練習に取り組むという前提はある。ただ、僕は上手くなるためと言うよりも、ほめられたいためにサッカーをやっていた。

「目的と手段をはき違えてはいけない」とよく言われるけど、僕は目的と手段を思いっきり間違えていた選手だった。

ただ、清水エスパルスというプロの集団で、活躍してきた選手たちがほめてくれることに大きな意味があった。僕はあの時期があったから日本代表にもなれたし、ヨーロッパにわたってサッカー選手として刺激的な日々を送れている。何より、サッカーをしていてほめられることで、それまで以上にサッカーを好きになれるんだ。

人気もない

僕は日本代表の歴史上、最も人気のない９番かもしれない。

尊敬してやまないゴンさん（中山雅史）をはじめ、日本代表のエースストライカーが袖を通してきたのが、９番のユニフォームだ。今は僕が引き継がせてもらっている。

でも、代表の試合に行ったことのある方ならお気づきだと思うが、圭佑の４番、真司の10番、佑都の５番や、ウッチーの２番の入ったレプリカユニフォームを着たファンが多い。試合のあとにファンのみなさんへ挨拶してまわるときにスタンドを見回してみても、９番を見つけたためしがない。

「オレが、９番を汚していないかなぁ」

この番号に恥じないような活躍をしなければと思う一方で、ゴンさんなどの大先輩には申し訳なく思ってしまう。

プレッシャーに弱い。華がない。大一番に弱い。顔が悪い。なぜ、人気がないのか。それらしい理由ならばいくらでも挙げられるけれど、本当の理由はどこにあるのだろうか。

２０１２年の８月、日本代表の試合のために僕は札幌へ向かっていた。フランクフルト空港から成田空港へ飛び、飛行機を乗り継いで新千歳空港へ。同じ飛行機に乗っていたのが、真司だった。ドルトムントでリーグ２連覇を果たし、ドイツでスーパースターとなり、そこから世界中にファンを持つイングランドのマンチェスター・ユナイテッドへ移籍したばかりの真司への期待と注目度の高さはものすごかった。僕らが成田空港の到着ゲートを出ると、「カガワさーん！」という叫び声とともに、真司のもとに色紙やプレゼントを手にした大勢のファンが押し寄せてきた。

そんな真司とともに新千歳空港行きの飛行機を待っていたとき、ひとりの女性が近づいてきた。

「カガワさんですよね!?　サインしてください！」

真司はイヤな顔ひとつせずにファンサービスをする。いいヤツだ。このときも、その女性の求めに応じてスラスラとペンを滑らせていた。そんな真司の優しさに気を良くしたのか、その女性が切り出した。

「あ、おとなりは……お友だちの方ですか？」

真司と僕はお友だちではありますけど……。

代表のチームメイトで、同じドイツでプレーしており、さらに歳《とし》も一緒のハジ（細貝萌《ほそがいはじめ》）とはよく、こんな話をする。

「オレらって、あまり注目されないよなぁ……」

ハジは2011－12シーズンには1部残留が難しいと思われていたアウグスブルクの中心

選手としてほとんどの試合に出場して、残留の立役者となった。2013−14シーズンからはヘルタ・ベルリンでプレーしていて、中心選手として活躍中だ。目の肥えたドイツメディアからもとても高い評価を受けている。ドイツでの活躍を知っている現地の人は、ハジが日本代表のレギュラーではないのはなぜなのかと首をかしげる。ヘルタの屋台骨を背負って活躍するファイターが、日本でもっと評価されないのはどうしてなのか。不思議で仕方がない。

「オレらに出来ることは全力でサッカーをすることだけだな！」

そう声をかけ合って、お互いに刺激し合いながら毎日を過ごしている。

逆に言えば、今の日本代表には個性的な選手がものすごく多いということなのかもしれない。圭佑と言えば誰だって有言実行のヒーローを思い描くだろうし、インテル・ミラノに所属する佑都と聞けば多くの人が瞬時に「努力」の二文字を思い浮かべることが出来るはずだ。ハセさんは日本のみならずドイツでも評価される高いプロ意識と折れない心を兼ね備えたキャプテンで、心が整っていることは広く知られている。真司が名門ユナイテッドの一員であることはみんなが知っているし、ウッチーは甘いマスクで女性ファンをとりこにする一方で、シャルケ不動の右サイドバックとしてチャンピオンズリーグに日本人の誰よりも多く出場している。

それにひきかえ、（しつこいけれど）僕にはオーラがないみたいだ。２０１０年の南アフリカワールドカップの出場を決めた試合で決勝ゴールを決めたときには、「これでＣＭのオファーがたくさん来るぞ！」とハセさんなどに言われたけれど、そんな話は来なかった。それからしばらくして、ＣＭに出させていただくことは何度かあったけど、だいたいが佑都のとなりに映る引き立て役であるような気も……。

圭佑はデカいことも言うけど、誰にも文句を言わせないような結果も残してきた。サッカー選手の価値をここまで上げたのはあいつの努力以外の何物でもない。２０１０年のワールドカップで彼の人気は沸騰《ふっとう》したけれど、そこに至るまでに入念な準備もして、リスクを背負って、戦ってきた。僕にはとてもマネ出来ないことだし、同じ歳ながら彼のことを心から尊敬している。

ただ、２０１３年のコンフェデをきっかけに、大一番に弱いという欠点は、少しずつではあるけれど克服するヒントが見えてきた。あの経験が、僕の気持ちに少しだけ余裕を持たせてくれたのかもしれない。今はこの状況も楽しめるようになった。

「人気がない？　オーラがない？　それでも、えぇか」

僕は昔から、一歩ずつしか進むことが出来ない。スケールの大きいことを口にして、何かをなしとげる有言実行タイプでもない。万が一、僕がジャニーズ系のイケメンだったりしたら、どこかで勘違いして道を踏み外していただろうし、天才と呼ばれる選手だったら、ここまで成長することは出来なかったかもしれない。そこまで注目されないからこそ、プレッシャーを感じずにいられるし、ゴールを決めることに集中出来る。

もちろん、これから注目されるのなら大歓迎！　単体ＣＭのオファー、待ってます（真顔）。

センスがない

高校を卒業するまで、自分で服を買ったことがなかった。

兄のお下がりか、親が買ってくれたか。たいていの場合は、ジャージを着ていたので、私服が必要なかったのかもしれない。そもそも、中学校を卒業するまでは泥だらけの練習着にすね当てをつけたままで、サッカークラブのあった宝塚まで電車で通っていた。周囲の高級住宅地とも宝塚歌劇団とも、ミスマッチだ。と言うか、電車のなかに泥を落として、申し訳ないことをしたなぁ（ちなみに、それが間違った行為だったと僕が知るのはもう少しあとのことだ)。

高校時代、デートをするときに同じ寮にいた同級生から2、3回服を貸してもらったことはあったが、服を買いに行こうと思った記憶もない。プレゼントされたキノコ柄のトレーナーを着て、女の子と映画を見に行ったことはあるけれど、当時はそれがおかしいとは思わなかった。おかしいと思わなかったことが、おかしいわけですが(笑)。

そんな僕でも、プロになれば服を買うことになる。

ノースリーブのシャツに、パーカーをはおり、下は七分丈のパンツだったかな。初めて買った服を身にまとった僕。変じゃないかな。ちょっぴり不安になりながら、クラブハウスへ足を踏み入れると、待っていたのは爆笑の嵐だった。

「腹いてぇ(笑)。一緒に写真撮らせてくれ」

「〝そっち系〟の人ですか?」

散々なリアクションだった。ものすごく恥ずかしかったけど、僕はめげずに考えた。

「服選びで間違えたらこんなに笑われるんかぁ〜」

そこで狙いを定めたのが、当時のエスパルスのオシャレ番長だった佐藤由紀彦さん(以下ユキさん)。古着も、キレイめの服も上手に着こなしていた。

「オシャレな服を売っている店、紹介してください!」

ユキさんに教えてもらったお店で、新たな洋服を購入。かけだしのころの僕には高い買い物だった気もするけど、「これでオレも、オシャレなサッカー選手の仲間入りや」とたかをくくっていたことは今でも覚えている。後日、それを着て、練習場へ。しかし――。

「なんかなー、服に着られちゃってんだよな～」

なけなしのお金をつぎ込んだ努力は報われなかった。ユキさんが着れば、オシャレ。でも、僕が着ると……。自分にはセンスがない。それを自覚した、19の夜。

とはいえ、それからも僕はこりずに新しい服にチャレンジしていった。カッコ良くなってきたなぁ、と言われることはなかったけど、良いこともあった。かつて「そっち系の人ですか？」と言ってきた森岡隆三さんからは、着なくなった洋服をもらえるようになった。センスがないと言われてもこりない僕を見かねたユキさんは、買い物はもちろん、色々なところに連れて行ってくれるようになった。そうやって先輩たちと接していくなかで、洋服のことだけではなく、サッカーに関するアドバイスももらえるようになった。

オシャレになったと自信を持って言える日はいまだに来ていないけれど、僕がサッカー選手として成長出来たのは、先輩たちからの数々のアドバイスがあったからだと断言出来る。

かつて、小学校の先生にこんなことを言われたことがある。

「オカザキ君はなんか放っておけないのよね」

いじけるのではなく、「お願いしますよー」とかなんとか言いながら、周りの人たちにアドバイスを求めて、改善しようと試みる。出来損ないなりの努力を見れば、人はけっこう手を貸してくれるもの。それが回りまわって、自分の財産になるんだと思う。センスが悪いと笑われようが、バカにされようが、大切なのは、いじけないこと。そうすれば、致命的と思われる欠点も自分に何かをもたらすきっかけになるみたいだ。

そういえば――。日本に帰るとき、選手たちの空港到着時のファッションが取り上げられることは多い。古くは、中田英寿さんの斬新な着こなし。今では圭佑のド派手なスーツや佑都のイタリア仕込みの着こなし……。でも、僕のボッテガ（・ヴェネタ）のカバンはあまり話題にならないなぁ。

極度のアマノジャク

日本には将来有望な選手を見つけ、鍛え上げるためのトレセンという制度がある。そこで優秀な選手を選んで、特別なトレーニングを積ませるのだ。トレセンには区や市などの地区ごと、都道府県ごと、日本全国を大きくわけた9つの地域ごと、そして全国から集めたナショナルトレセンと、計4つのカテゴリーがある。日本代表のなかには、小さいころからナショナルトレセンの常連だったエリート選手も少なくない。

僕はと言うと、中学生のときに一度だけ上から3番目のカテゴリーの県トレに滑り込むことが出来た。エリートコースとは無縁だった僕にチャンスがめぐってきたのを誰よりも喜んでくれたのが、母だった。

「頑張ったやんか！　シンジ、おめでとう！」

母親はいつまでも無償の愛を注いでくれる存在だ、なんて中学生の僕にわかるはずがない。

「そんなに喜ばんといて！」

そう突き放した。

「あんた、なんでそんなことを言うん？」

母は怒っているようでいて、心底、悲しんでいるようにも見えた。無邪気な少年であれば、喜びを爆発させるところかもしれないけれど、僕はそうじゃなかった。

もちろん、そこには理由がある。僕は極度のアマノジャクなのだ。このときも内心はメチャクチャ嬉しかった。でも、そこで大喜びして、それっきり選ばれない、なんて事態になったらみっともないなぁと思う気持ちもあったし、単純に先に母が喜んだから素直に喜べなかったということもある。かわいくない子どもだったなぁ。お母さん、ごめんなさい。でも、この性格は直りそうにない。


そんなアマノジャクな性格も、ときに武器になる。

コンフェデでこんなことがあった。試合の翌日、カラダの疲れをとるためにプールで汗を流していたときのこと。疲労をとるメニューが一段落したあと、圭佑がこんなことを言い出した。

「潜水でどこまで泳げるか、勝負しようぜ！」

日本代表に選ばれるような選手は、負けず嫌いばかり。みんなもすぐに賛同した。最初に泳いだのは言い出しっぺの圭佑。あとから聞いたら自信があったらしく、圭佑は見事な泳ぎでプールを1往復してみせた。以降の他の選手は、なかなか圭佑の記録を破れない。僕はと言うと、自信がないので最後まで端っこのほうで静かに見ていた。どうせ出来ないし、やりたくなかった。でも、僕だけ泳いでいないことは、すぐにバレてしまう。

「最後は、オカちゃんー！」

プチ潜水大会の最後の挑戦者として、僕がトライすることになった。自信は全くない。勢いに任せて飛び込み、潜水を始めると僕の泳ぎ方があまりに不細工だったのか、失笑が聞こえてきた。

プールの中間地点まで来ると案の定、息が苦しくなった。「やっぱりオカちゃんもダメか～」というみんなの顔が脳裏に浮かんできた。ここからが僕の真骨頂。

「『やっぱりダメだったか』なんて言われたくないわ！」

〝火事場のクソ力〟がわいてきて、プールの端から端まで息継ぎなしで往復してしまった。オカザキがやっちまったぞ、と呆気にとられるみんな。ひそかに「よし!!」と思う僕。アマノジャクだからガッツポーズはしなかった。


あとで詳しく書くけれど、エスパルス時代に「盛り上げ役、お笑い要員とされてしまうような選手はサッカー選手としての寿命が長くはない」という声が聞こえてきたときに、そのまま盛り上げ役でい続けたのも同じことだ。当時の僕のなかにエスパルスで成功する自信なんてなかったと思う。でも、アマノジャクな性格の僕には、盛り上げ役を離れることは負けを意味するような気がしていた。自分は成功した人間だなんて言うことは出来ないけれど、そんな僕でもエスパルスでレギュラーになり、日本代表に入ることは出来た。僕のなかの「アマノジャク力」がパワーになったからだ。

「僕は人気がないですから」とか、「下手クソな選手ですから」と自ら進んで口にするのも同じだ。そうした発言をして、自分の人気や注目度を一度下げてみる。上手くなれば、みんなを驚かせたり、見返したりすることが出来るはず。そうやって、自分を鼓舞している。持ち上げられたり、期待されたりするのが怖い。いや、それ自体が怖いというよりも、それによって心に隙が生まれることが怖いのだと思う。

ケンカが出来ない

誰かを怒るなんて、僕には出来ない。

僕には2つ年上の兄がいる。普通の兄弟なら、取っ組み合いのケンカのひとつや2つもあるはずだけど、僕は兄に叩《たた》かれても、叩き返した記憶がない。兄がどうしようもなく乱暴な人間だったというわけでもない。兄が僕を叩き、僕が叩き返せば、さらに兄が……。兄弟ゲンカはそうやって成り立つ。でも、僕が我慢すれば、ケンカにはならない。ケンカはしたくなかったのだ。だって、叩かれたら痛いから。周りの人にこの話をすると、よく驚かれる。

以前、同い年の圭佑には、こんなことを言われた。

「そんな優しい性格で、よくプロサッカー選手になれたなぁ」

代表でよく話すウッチーにも言われる。

「オカちゃんはいつも笑顔だよねぇ」

やり返されるのが怖い。兄に対して怒りをあらわにしない理由はそんな単純なものだったけど、そのあと、僕は感情のままに怒ることの出来ない人間になっていった。

昔から周りのことを考えられない子どもだった。そんな自分の恥ずかしいエピソードなら山ほどある。

例えば、小学生のころ。友だちがジュースを買ったとする。

「ちょっとちょうだい！」

そうお願いした僕は、友だちからジュースを奪いとると、半分以上は飲んでしまうような少年だった。友だちがどんな気分になるかなんて想像もしていなかった。友だちの家に泊まりに行っても、部屋は散らかすし、汚したい放題。

中学生のとき、練習のあとにコーチにコンビニへ連れて行ってもらったことがあった。

「オマエら、好きなもん買《こ》うてぇぞ！」

アイスをお願いするか、お菓子を買ってもらうか。普通の子どもならそんなものだろう。

僕が真っ先に手にしたのは、コンビニの買い物かご。

「コーチ、男に二言はないですよね？」

とかなんとか言って、お菓子やらジュースやらをかごにつめ込み、コンビニで5千円以上も払わせた記憶がある。コーチ、ごめんなさい……。

他にもある。僕が中学生まで所属していた宝塚ジュニアFCには田尻克則さんという総監督がいた。僕らをお兄さんのように叱りつけてくれるのが山村コーチだとしたら、田尻さんは優しいおじいちゃんのような存在だった。ある試合で前半だけで僕はハットトリック、つまり3ゴールを決めた。相手チーム、弱いなぁ。そう感じた僕は、ベンチに座っていたチームメイトに向かって叫んだ。

「この試合、楽勝だぜー!」

これを聞いた田尻さんは、烈火のごとく怒り出した。仏のような田尻さんが、見たこともない剣幕でどなっている。「相手への敬意を欠いているじゃないか」「オマエにサッカーをやる資格はない」「そんなアホだとは思っていなかったわ」。ありとあらゆる言葉で叱られた僕は、試合中にもかかわらず大泣き。

普段の生活でも、目上の人間に敬語を使うことはなかったし、先生に対しても友だちのような態度で接していた。先輩の前でオナラをするなんてこともあったなぁ。よく言えば、怖いもの知らず。でも、実際の僕は無神経で世間知らずのガキだった。

〝ガキ〟のままでいられなくなったのは、滝川二高に入学してからだ。寮に入り、共同生活が始まった。同級生にはもちろん、先輩に対しても気を使わないといけない。先輩に気を使うことをおこたって呼び出されたこともしょっちゅうだった。授業中でもそう。世間知らずのガキだった僕は、高校に入ってから半年くらいは毎日のように担任の先生に怒られていた。鈍感な僕でも、さすがに気がつく。

「オレ、おかしいんちゃうか」

このころからだと思う、自分が相手のことを考えられない人間なのだと認識するようになったのは。それまでの自分がいかにおかしかったのか、少しずつ実感していった。

思い出すだけでイヤになったのが、自分がイライラしていたり、ムキになっていたりしたときのことだった。周りの人たちは「こいつ、熱くなっているなぁ」と白い目で見ていたんだろうな。そう思うと、寒気がした。みっともない。あわれだ。恥ずかしい。そんな自分がイヤで仕方がなかった。

兄とケンカはしなかったものの、僕だってもともとは感情を表に出すタイプだったと思う。でも、そのせいで周りに迷惑をかけてきたし、高校生になってからは自分は無神経な人間だと思い知らされる毎日が続いていた。

そのなかで、素直に感情を出すことが出来なくなっていった。むしろ、感情的にならないようにしようと意地になっていたのかもしれない。僕はどこまで我慢することが出来るのだろうか、と。我を忘れそうになる自分がいたら、心のなかで問いかける。

「イライラしたら、負けやで」

でも、そんな考え方はサッカーではすごく役に立つ。

試合中に相手チームの選手から挑発されたとしても、笑ったり、何ごともなかったかのようにプレーを続ける。そうすることで相手の焦りを誘う。

「オマエの思い通りにはいかないぞ」

相手からしたら、わざわざ挑発したのに、全く反応がないとなると、不気味な感じがする。怒りがわきそうな場面でも、ポーカーフェイスでいること。それで精神的にも優位に立てる。やられても、やり返さないほうが相手にダメージを与えられると思う。

もっとも、これは後述しますが、ドイツで最初に所属したシュツットガルトでは、そんな僕が無理やり怒ろうとして痛い目にあったんだけど……。

それに、プライベートでもなるべく冷静にいられるように心がけている。それこそ、子どもが悪さしたときやワガママを言ったときに勢いで怒ったら負け。怒るにしても、一拍置いてから怒る。それでも直らないときは、子どもたちが好きなものを「パパがもらっちゃうよ」と天秤《てんびん》にかけるようにする。怒るよりも冷静に厳しいことを迫る。嫁とも言い合いになることも当然あるんだけど、向こうが熱くなっていても、こっちが冷静に返すことによって、嫁自身が熱くなることにイヤ気がさすと思うし（ただし、自分が間違っていない！　と思うときだけですが）。

たぶんこれは自分が生きてきたなかで、人が感情的になって周りに気を使わせているのを見たり、自分自身が感情的になって迷惑をかけてきたりしたから、気づいたこと。自分のなかで感情を抑えることで周りに迷惑をかけないし、なおかつ、ストレスを溜めずに生活出来る自分なりの方法なんだと思う。

これに関しては、人それぞれかなと思う。僕の場合は、自分が我慢することよりも、人に迷惑をかけることのほうがはるかにストレス！　だから、常に冷静でいたいなって、考えている。

へらへらキャラ

「そのキャラクターは、プロのサッカー選手として、良くないいんじゃない？　本業とは別のところで目立つ人間は、大成しないよ」。以前、そんな言葉をかけられた。

２００５年、僕が18歳で清水エスパルスに入団したタイミングで、当時28歳だったユキさんも他のチームから移籍してきた。

新たなシーズンに向けての練習が始まって間もないころ。クラブハウスでユキさんから声をかけられた。

「キミ、クラブのスタッフだっけ？」

Jリーグでは新たなシーズンが始まる日に、新人選手と他のクラブから移籍してきた選手による記者会見が行なわれる。その席で僕はユキさんのとなりに座っていたのだが、僕のことは覚えてもらえていなかったらしい。

「し、新人のオカザキっす！」

裏方のスタッフだと勘違いされた新人がいる。三枚目路線が確定してしまったのは、この一件が大きかった。

もともと、ムチャ振りに応えるのが苦手ではなかった僕は、チームのイベントがあると一発芸をやらされるなど、いつの間にかエスパルスのなかでお笑いキャラになっていった。地元のテレビ局が新人の特集番組を作ったときには、寮にいる新人選手を順番に紹介してまわる役を任されたりもした。

ユキさんだけではなく、山西尊裕《たかひろ》さん、市川大祐さん（以下市さん）、森岡さんなど、名前を挙げればきりがないけれど、色んな先輩に気にかけてもらった。ご飯に連れて行ってもらうこともしょっちゅうだった。プロ入り当時は車も持っていなかった僕は、寮までの送り迎えもしてもらった。

「オマエ、オレのこと〝アッシー〟だと思っているだろ？」

そんな冗談も言われたくらいだ（ちなみに、〝アッシー〟というのは、バブル期の言葉で、移動の足のかわりに利用する便利な人のこと）。

2人の先輩から同時にお誘いがかかり「他の先輩と予定があるんです！」と言えずに、ダブルブッキングすることもよくあった。

ある日のこと。先輩とご飯を食べる約束をしていた一方で、他の先輩にスーパー銭湯に行こうと誘われた。ご飯をゆっくり食べていると、スーパー銭湯に行く時間が迫ってくる。ただ、ご飯は先輩のオゴリだ。

「別の約束があるんで、帰りますわー」

なんて言うことは出来ない。先輩が「じゃあ、そろそろ……」と切り出すまで僕は待つことしか出来ない。おかげで、食事が終わるまでにずいぶん時間がかかってしまい、スーパー銭湯に行く時間に大遅刻。銭湯で待っていた先輩はムッとしていた。

「これからは遅れないようにしまっす。すみません！」

大きな浴槽の前で、フルチンで、先輩に土下座して謝るなんてこともあった。そんな気苦労（？）が絶えないくらいにかわいがってもらえたし、あとの項でも触れるが、そこで先輩たちからもらったアドバイスは宝物だ。


僕は将来を期待されてかわいがられたわけではなかった。あくまでも僕のキャラクターを面白がってもらっただけ。かわいげのあるお笑い要員だった。そんななかで聞こえてきたのが、冒頭で紹介した話だ。

「盛り上げ役、お笑い要員とされてしまうような選手はサッカー選手として大成しない」

それを聞いたときは、一瞬、不安になった。けれども、チームでの立場を変えたいとは思わなかった。先輩たちについていくことで何かを得られるという計算があったからではない。先輩たちにいじってもらったり、かわいがってもらったりして、それに応えるのがとにかく楽しかったからだ。

そんなときに耳にした「大成しない」という言葉は、僕の気持ちに火をつけた。自分がすぐにプロの舞台から消えていく選手として見られるタイプなら、ここからなんとか活躍出来るようになってやろうと。

確かにストライカーでお笑いキャラはいないかもしれない。だから僕はそこを目指した。「普段はお笑い要員で、ピッチでは常に結果を出すストライカー」というポジションを狙った。

何も「先輩からかわいがられる」ことが重要！　というわけではないけれど、普段のこういう付き合いも「ピッチ上」で活きることがあるはず。

真司や佑都といった愛嬌《あいきょう》キャラ、ウッチーみたいな一見とっつきにくいキャラ。それぞれ、色んなキャラがあるけれど、みんな先輩にかわいがられながら成長してきた。

壁を作らずに「誘われ上手」であることも、集団のなかでは重要なことだと思う。

常にブレブレ

2012年9月、ドイツでプレーする日本人選手たちが一斉に活躍した週があった。清武《きよたけ》弘嗣《ひろし》、宇佐美貴史、乾貴士《いぬいたかし》の3人がゴールを決めた。僕はと言うと、ノーゴールで途中交代……。

活躍した3人は若くて、すばしっこくて、テクニックがある選手たち。それが、ヨーロッパの人たちが考える典型的な日本人像だし、彼らにはマネの出来ないものだ。ドイツ中で、日本人を賞賛する声があがっていた。

その一方――。中堅と言われる26歳（当時）になり、足が遅くて、下手クソな僕だけ取り残されてしまった。しかも、活躍した選手たちは日本代表では僕と同じポジションを争っていた。

「これ、ヤバいんちゃうか」

不安になったし、自ら進むべき道にも自信が持てなくなった。普段なら他の選手のことを気にしているなんて口には出さないけど、記者の人から他の選手について聞かれて、「そりゃ、気になりますよ」と、もらしたこともあった。

そんな彼らの活躍を見た僕が出した結論はこうだ。

「日本人の長所を武器にするのではなく、ヨーロッパで活躍するサッカー選手の武器を手に入れよう」

すばしっこくて、上手い選手になるのは今更無理だし、せっかくドイツにいるわけなんだから、「日本人でありながらドイツ人のようなサッカー選手」になる。当時は、色んな人にそう宣言した気がする。

ところが……。

当時の僕が所属していたシュツットガルトが不振で苦しむことになった。負けてばかりで、たまに勝ったとしても運に恵まれただけとしか思えない試合ばかり。それぞれの選手が自分1人の力でなんとかしようと好き勝手にプレーを始め、チームはバラバラ。エゴイストの集うヨーロッパで見られる典型的なダメパターンだった。

自分が活躍出来ないのもイヤだけど、チームが勝てないのもイヤだ。

どうしよう。僕に何が出来るんだろうか。またしても、グジグジと悩む日々が始まった。

そして——。

「周りに気を使えるという日本人らしい武器がオレにはあるじゃないか」

あっさりと前言は撤回して、バラバラになりがちなチームのなかでバランスをとることにした。ゴールを目指すのではなく、守備に穴があかないよう必死に自陣に戻ることもしょっちゅうだった。チームの事情でミッドフィルダーで出場することが多かったけど、僕の本分はストライカーだ。にもかかわらず、「オレは守備的なミッドフィルダーなんじゃないかな」と思うくらいに守備のことを考えたりもした。

それなのに、監督からはこう言われた。

「オマエは確かに頑張ってるよ。でも、全然ゴールを決められないじゃないか」

おまけに、試合に出る時間も短くなっていったし、スタメンから外れることも多くなった。地元の新聞からは「オカザキは今シーズン限りでチームを離れるかもしれない」と書かれた。

どうしたらいいんだろう……。

このときはけっこう深刻で、グチも言ったし、龍勇さんにも相談したりしていた。

「次の試合ではゴールを決めますよ！」

無理して、そう宣言してみたこともあったけど、ゴールは遠かった。

「あなた、大丈夫？」

自宅に帰ってからはあまりサッカーのことを話さない僕が、グチをもらすことも多くなり、嫁からも心配された。何より、好きだったはずのサッカーを楽しめなくなっていた……。

ヨーロッパではシーズンが8月に始まり、5月に終わるのだが、その5月になってようやく考えがまとまった。

「オレがここまで来られたのはゴールを決めてきたからじゃないか。それを忘れてどうするんだ！　思いきって、ゴールだけを見よう。エゴイストになる！」

と決心した。

その結果、シーズンが終わった直後の6月に行なわれたコンフェデではそれなりの結果を残して、新たにマインツへ移籍することになった。

ただ、マインツでもシーズンの序盤は悩むことが多くて、コンスタントに結果を残せるようになったのは10月から。それまでも、やっぱり、悩んでいた。10月の途中からその年の終わりまでの8試合で7ゴールを決められたことで、今はどうにか落ち着いて、こう言えるようになったけど。

「エゴイストと見られたとしても、とにかくゴールを目指す。ただ、ゴールを目指すのは自分の名誉のためではなく、チームを勝たせるためだ」

ヨーロッパ的なエゴイストの部分と、日本人的なフォア・ザ・チームの部分が上手く合わさったなと思っている。なんだか、偉そうですが（笑）。

と、ここまで書いてきたのは2012年の9月から翌年の10月まで、およそ1年間での考え方の変化だ。

うん、ブレている。

ドイツでプレーするようになったのは2011年の2月のことだから、3年がたっているけれど、ここで紹介した以外にも、「自分の苦手なプレーをドイツで出来るようにしよう」としていたときもあれば、「やっぱり、ゴールを決めてこそ、オカザキなんや！」と息巻いていたときもある。悩んで、ブレて、悩んで、ブレる。この本を書いている今は迷うことも少ないけれど、この先どうなるかはわからない。

でも、僕がグジグジ悩み、あれこれ考えるのには理由がある。ここまで読んできてくれた人はわかるだろうけど、なんだかんだ、僕は理屈をつけたがる。理屈がないと、迷ってしまう。迷いを抱えていると、全力を出せない。

足が遅くて、下手クソなサッカー選手だから、中学から高校に上がったとき、高校からプロに入ったとき、日本を離れてドイツに来たとき、上のステージに行くたびに僕は思い知らされた。

「上には上がいるんやなぁ」

他の選手のことばかり気にして比較することで、自分の長所や短所はわかってくる。だけど、不器用だから長所を伸ばしつつ、短所を克服するなんて出来ない。その両方を見てしまい、何をすべきなのか悩んでしまう。

「オレにはオレのやり方があるんや！」

そう言えたらカッコイイけど、それは難しくて、ブレる毎日、毎月、毎年……。

確かに、最短距離でかけ抜けるように成長していけたらいいなと僕だって思う。僕は時間がかかるタイプ。けれど、下手なんだから仕方ない。悩みまくるのも成長するためなのだ。

圭佑でさえ、

「オカは、なんでも吸収しようとする意欲がスゴイな」

と言うくらいだし。

たぶん、ずっとこの先も悩んでいく。でも、そんな生き方もいいんじゃないかな。みんながみんな、強い人間じゃないんだから。

「岡崎の成長過程に対する考察」

杉本龍勇

1970年生まれ。バルセロナ五輪日本代表として4×100mリレーで6位入賞。現在は法政大学経済学部教授。エスパルスやトリニータのフィジカルコーチも務めた。新刊に『「姿勢」と「走り方」を学んで上達する　サッカージュニア向け体幹トレーニング』がある。

岡崎は、自分の欠点を強く自覚していた

私と岡崎慎司はいわゆる「同期入社」。彼と初めて出会ったのは、2005年の清水エスパルス新体制発表の会見会場であった。失礼な話だが、陸上競技が専門種目である私は、彼がどのような選手であるかという情報は持ち合わせていなかった。

私の仕事は選手のフィジカル能力の向上およびコンディショニング管理に対するサポートだったので、自身の目でトレーニングを見てから、選手の能力を判断しようと考えていた。意図的に事前に情報を得ていなかったのだ。

会見の際に初めて見たときの印象は、〝頑張り屋の高校生〟。非常に若々しく、そしてやる

気に満ちた姿を今でも鮮明に覚えている。その姿を見て、彼には頑張って欲しいな、という思いも抱いた。

ただ、実際にトレーニングで岡崎の動きを初めて見たとき、「彼はプロとしてやっていけるのだろうか？」という感想を持ったのが正直なところ。身体はがっしりとしていたが、運動能力や身体能力が高いという印象は受けなかった。持久力は問題なかったものの、スピード不足で、いわゆる「鈍足」であった。一生懸命身体を動かしているが、全く前に進まない。フォワードとして生き残るにはスピードの改善が必要であることは一目瞭然《りょうぜん》で、持ち味であるゴール前への飛び込みも、このままでは通用しなくなるという印象だった。

当然のことながら、入団当初はトップチームのメンバーに選ばれるわけはなく、サテライトで力を磨く日々。だが、岡崎本人は足の遅さを自覚しており、この時点ですでに走りを改善したいという気持ちを明確に持っていた。そのため、トレーニングの際には私のところによく相談に来ていたし、走りのトレーニングに対しても非常に素直に取り組んでいた。そういった経緯から、入団1年目から近しい間柄となり、自分の陸上選手時代の経験談やプロ選手としてどうあるべきか、というトレーニング以外の話題についてもよく話をしていた。こうした流れで1年目のオフから自主トレーニングを行なうようになり、現在はパーソナルコーチとして付き合いが続いている。

努力の才人

岡崎がここまでの選手になるとは、出会った当初を踏まえると全く想像出来なかった。しかし、これまでの彼の選手としてのプロセスを振り返ってみると、彼の成長には明確な理由が4つ存在する。

①課題意識
②取り組む姿勢
③貪欲な目標設定
④身体の強さ

この4つの項目は今も感心することであり、成長の理由だけに留《とど》まらず、人としての魅力でもある。彼を一言で称すると「努力の才人」である。この4つの項目に関しては、誰もが参考になる部分である。

①課題意識
出会った当初から、岡崎はボール技術の未熟さや、走ることの遅さといった自分自身の課

題を把握していた。こうした課題意識は成長のためには非常に重要であり、このような意識が、適切な努力を導き出す。よく「努力しなければ」とか「頑張る」と言う人は多いが、同時に「何に対して」という課題設定を忘れている状況を見かける。当然のことであるが、これでは頑張っても徒労に終わってしまい、努力を積み重ねても無駄に終わることが多い。したがって、自分自身で的確に課題を見つける能力を有していることは非常に重要なのだ。

また、プロ選手のように競技レベルが高くなるほど、自分で課題を見つけることは必須であり、この能力によって自身の成長の度合いが変わってくる。課題意識を持つことは誰でも出来るが、これを常に持ち続けることは非常に難しく、時《とき》がたつにつれて忘れていってしまうのも常である。だが、こうした課題意識を恒常的に持ち続けることが出来るか否かが、大きな差を生み出し、そして成長の速度やその伸びの幅を決定づける。多くの選手の場合、課題意識を持ったとしてもトレーニング中に少しでも改善の兆しが見えればすぐに課題に対する執着心が薄れていってしまう。その結果、課題を完全に克服することなく中途半端な状況に陥り、成長が停滞するケースが生じる。しかし岡崎はこのような部分がしっかりとしていて、課題を忘れることなく常にトレーニングに取り組むことが出来る。そのため確実に自身を成長させることが出来てきたし、また今後も成長をし続けるであろう。

成長を遂げるためには、課題を持つだけでなく、それを忘れないことが必要とされる。こうした目的意識を持っていることは岡崎の強みであり、彼の成長を後押ししている。

②取り組む姿勢

彼は、トレーニングに対してはまさに「真人間」である。昨今は若い世代を中心に、真面目であることがバカにされるような風潮があるが、これは大きな間違いであると思う。私は、「スポーツや勉強、仕事に対する真面目さがない限り、大きな成功をつかむことは不可能」という持論を有している。今まで多くの成功者を見てきたが、人によって真面目さを表現するか否かの違いはあるものの、彼らは基本的に真面目である。真面目さが勤勉さを生み、そして真摯《しんし》な取り組みを生み出すのである。サッカーに対する岡崎の姿勢はまさにこの通り。これは私だけでなく、彼の周囲にいる人であれば誰もが納得するところであろう。清水エスパルスに入団してプロ選手としてキャリアをスタートしてから、トレーニングにおいて明らかに手を抜いている姿は見たことがないに等しい。戦術的なトレーニングやボールを使ったトレーニング、シュート練習はもちろんのこと、フィジカルトレーニングやランニングでも、常に真摯に取り組んでいる。私との個人トレーニングでも同様。特に個人トレーニングにおいては、ほとんどボールを使わず地味な内容を繰り返す。動作の確認や走り方、ステップワークなど、同じような動きを何度も反復する必要があり、サッカー選手にしてみたら非常に飽きが来る内容で、手を抜きたくなるのが自然である。しかし、岡崎の場合はそういった素振りもなく、常に真剣に取り組む。こうした姿はときに冷やかしの対象ともなるが、そのようなことにも左右されることなく、今まで続けてきている。

こうしたブレずにとり組む姿勢は非常に大きな強みであると思う。先述の課題意識と同様であるが、こうした姿勢を常に取り続けることは簡単なようで非常に難しい。なぜなら、人はモチベーションによって左右されがちだからだ。もちろん人間である以上、常に高いモチベーションを保てるわけではないし、ポジティブでいられるわけでもない。そのような心理的変化の影響を受けながらも、真摯な姿勢を崩さずトレーニングに取り組めることは彼の大きな才能であろう。

③貪欲な目標設定

次に目標設定であるが、これによって成長の伸びしろが決まると言っても過言ではない。「夢を持ちなさい」ということをよく耳にするが、夢と目標は違う。夢は漠然とした希望であるが、目標は実現を前提とした意志であると思う。このような考え方に従えば、目標を持つことが自身の思いを実現するために必要な条件である。だから、夢は描くだけでなく、それを目標に置き換えていくことが重要な作業となる。

また同時に、目標をレベルアップさせていく貪欲さも必要だ。ひとつの目標をクリアして、それで満足してしまえば恒常的な成長にはならない。確かに「目標のクリア＝成長」であるが、それが一度で終わってしまえば、成長はそこで終わってしまう。そのあとは維持か停滞しかない。だからこそ、継続的な成長を促すには、貪欲に目標を変化させること、常に新しい目標を設定することが求められる。

岡崎は常に目標を持っている。出会ったときから、夢ではなく目標を持ち続けている。目標を設定していることが彼の原動力になっていることは言うまでもない。彼と将来のことを話していても、絵に描いた餅ではなく、実現したいという意志がひしひしと伝わってくる。私もそのような彼の熱意にほだされて、個人的にトレーニングを指導するようになった。もし彼が目標ではなく、夢しか持っていなければ、きっと自分のところまでトレーニングに来なかったであろうし、当然、今のような関係にもなっていなかったはずだ。目標があったからこそ、それを実現するために自分のところまでわざわざ足を運び、トレーニングを真剣に行なうのだと思う。

また彼の場合、目標が時系列的に変化してきたということも非常に重要であり、成長に大きな影響を与えている。もしひとつの目標をクリアして満足感に浸ってしまっていたならば、彼の成長の速度はこれまでのようにはならなかった。自身のレベルアップに応じて目標もレベルアップしていることが彼の成長を下支えしている。プロ選手になったばかりのころは「チームで活躍したい」とか「レギュラー定着」といった目標であったが、それがかなうと今度は「オリンピック代表」になり、「海外でプレー」になり、そして「A代表でプレー」へと変化していった。そして今はさらに大きな目標を持っている。

一見、簡単なことのように思えるが決して簡単ではない。通常はひとつの目標が達成されると、その達成感に浸ってしまいがちであり、そしてそこから次の目標を見出すのに時間を費やしてしまうことも少なくない。また、その達成感から抜け出せず、それ以上を望まない選手も多い。これらに対して岡崎の場合は大きく異なり、すぐに目標がグレードアップする。

ひとつの例であるが、北京オリンピックから帰ってきてからの私との最初の会話において、第一声が「海外でプレーしたい」だった。北京オリンピックでは、岡崎自身は納得のいくプレーは出来なかった。それを本人が痛感し、選手として成長するには「海外でのプレー」が必要ということを見出したのである。その後は周知の通り、A代表にも入り、ワールドカップにも参加し、そして現在はブンデスリーガでプレーしている。これは偶然ではなく、ある意味必然である。運でもなく、自らの力で勝ち取ってきたものだ。つまり、彼が貪欲に目標設定をしてきたことが成長を大きく促したのである。

④身体の強さ

これまでは岡崎のサッカーに対する姿勢や心掛けについて分析してきた。だが、ここでは彼の身体的才能について考えていきたい。

冒頭で説明したように、身体的能力から言えば、彼は決して突出した選手ではない。運動能力から言えば、むしろ並の選手。だがそれでは今のレベルには達することは出来ないし、またA代表に欠かせない選手になることも出来ない。当然のことながら、少なからず身体的能力として素晴らしい部分を持ち得ていなければならない。その彼の成長の土台になっている特長的な身体的能力は、〝身体が強い〟ことである。

「無事これ名馬」という格言がある。これは競走馬を指して表現されたのであるが、スポーツ選手にも当てはまる。どれだけすごい才能を持っていたとしても、ケガばかりしていればそれを使いこなせず、結果、能力を発揮出来ずに終わってしまう。逆に、多少能力的には劣ってもケガなくパフォーマンスを発揮出来るほうが、結果は良くなる。この格言は岡崎にも当てはまる。彼は高い負荷のトレーニングにも耐えることが出来、そしてそれらを継続することが出来る。質および負荷の高いトレーニングに適応し、そしてそれを消化してきている。だから、ドイツでも成長し、徐々に結果が良くなってきている。

もちろんサッカーでは、相手との接触による不可抗力なケガはある。しかし彼の場合は筋肉系のケガはほとんどないし、またたとえケガをしても再起するスピードが速い。これは気持ちの問題ではなく、身体の問題である。また強い身体でトレーニングを継続出来ることによってプロ選手になってからも身体的能力が向上している。それにより、年々身体の動きが良くなり、求めるイメージを動作のなかに落とし込むことが出来るようになった。しかも習得するスピードも以前とは比べものにならないくらい速い。

これらの4つの要素が岡崎慎司の成長を促している。彼に対するイメージ、「泥くささ」だけが彼を成長させたのではない。ガムシャラに頑張ってきたことだけが現在の彼を作り出してきたのでもない。彼の成長には確固たる根拠があり、結果を残せる人材が持つ共通項が存在する。成長プロセスは洗練されていると言っても良いのかもしれない。ただ単に一生懸命頑張ってきたのではなく、根拠のある努力を重ね、そして結果を導くだけのプロセスを着実に歩んでいると言える。適切な努力の仕方を見つけ、そしてその方法に従って邁進《まいしん》してきたことが現在の彼のパフォーマンスを構築してきた。

岡崎慎司はこれからも進化するだろうし、さらに価値のある選手になるであろう。私自身はそれを期待しているし、同時に確信もしている。

2章

笑うオカザキに福きたる！

「笑う」を突き詰めたい

この本（単行本時）のカバーでも僕は笑顔で写っているが、普段の僕はいつも、あんな感じで笑っている。代表のチームメイトであるウッチーからも言われる。

「オカちゃんの笑顔いいよねー」

僕の笑顔を周りからそうやってほめてもらえるのは、たぶん心から笑っているからなんだと思う。

周りの人から笑われるとき、それは僕のネガティブな部分がその人たちの目に映ったときだと思う。足が遅い部分、下手クソな一面、ギャグがすべったとき……。

「オマエ、得意なシュートはダイビングヘッドなの？」

と笑われた記憶がある。

僕の欠点を見た人が、あわれに思ったり、バカにしたりしてくる可能性だってあった。でも、不思議とそうはならなかった。

たぶん、周りの人が笑っているときに、僕も自分の欠点を素直に認めて一緒に笑っていたからだと思う。そりゃ、確かにおかしいだろうな、って。

きちんと自分の欠点を見つめられたから、自分は底辺から何度もはい上がることが出来たのかなとも思っている。

笑う――。

それは僕の生き方とイコールで結ばれるものなのだと思う。僕は笑うことで成功もしてきたし、失敗もしてきた。一度、真剣に「笑う」について考えてみようと思う。

屈託なく笑う

最近、すごく嬉しいことがあった。エスパルスにいたときにコーチを務めていた宇野さんに、ほめられたのだ。

エスパルスに入団したころの僕は、よく「下手クソ！」「なんで今のボールをトラップ出来ないんだ!?」と言われていた。散々な言われよう。それも、当然だろう。下手クソで、足を引っ張ってしまうんだから。

ウォーミングアップをかねて、チーム全体をいくつかにわけて行なう簡単なパス練習では、組み合わせを監督から指定されないこともある。そんなときは近くにいる選手同士で人数を合わせ、パス練習を始める。ただ、そのときに僕はみんなのテンポについていけない。リズムもスピードも合わない。

そんなときには、開き直って、あらかじめ断りを入れた。

「下手なんですが、よろしくお願いします！」

もちろん、笑顔とともに。

今となっては運が良かったとしか言いようがないけれど、厳しいことを言うエスパルスの先輩たちのなかに、いじわるな人は1人もいなかった。笑顔の僕を見て、こう言う。

「しょうがねぇな。入れよ！」

そうやって、みんなの輪に入り込んでいった。卑屈《ひくつ》な表情、申し訳なさそうな素振りを見せたら、気を悪くしちゃうんじゃないか。そう思ってビクビクしているからこそ、笑顔で加わっていっただけなんだけど……。

当時、そんな様子を外から見ていたのが、この項の冒頭で触れた宇野さんだ。

「オマエは『下手クソ！』と言われながらも、笑顔を見せて、嬉しそうにみんなのなかに入っていったよな。そのときにオレは、オマエの強さを感じていたんだよ」

卑屈になりすぎてもいけないし、こびへつらうわけにもいかない。笑いの加減って本当に難しいのかもしれないけど、屈託なく笑う。そうすることで、（同情をひき？）よりレベルの高い練習に加わることが出来た。

不敵に笑う

ドイツ人は感情を表に出すんだよなぁ。悔しければまるで世界の終わりのような顔をするし、アタマに来ているときは周りの空気を凍らせるくらいに怒り散らす。そのくせ、嬉しいときにはこっちが痛いくらいに抱きしめてくるし、誰かれ問わず優しく接する。

でも、最近ひそかに取り組んでいることがある。苦しいときや、怒りがこみ上げてきたときに、あえて笑顔を見せたらどうなるのかな、と。


ドイツにいるサッカー選手のほとんどが試合中にも感情を表に出す。自分たちが調子良くプレーしているときはいいのだが、劣勢に追い込まれるとイライラしているのが手にとるようにわかる。そんな表情を浮かべた相手を見たら、ヨシヨシと思い、冷静になれもする。

「アタマに血がのぼってるな！　オレたちはこのままの戦い方でいこう」

そう思って、プレーを続ければ良い。逆に、自分が苦しいときには笑ってみるように心がけている。相手チームの選手からしたら、不気味に映る。

「こいつ、この状況で苦しくないのか？　まだ余裕があるのか？」

ミステリアスなアジア人を演じることで、ドイツ人は困惑する。サッカーはメンタルのスポーツ。だからこそ、不敵に笑うこともときには必要だと思う。

笑いで誤魔化すべきではない

スマイルマスターの僕だけど、実は笑顔を見せて大失敗したことがある。

南アフリカワールドカップの開幕までおよそ4カ月となった、2010年2月——。最近になって日本代表に興味を持った人にしてみたら想像がつかないかもしれないけれど、当時の日本代表は、人気が下火になっていただけでなく、強い批判にさらされていた。そんな時期に、韓国、中国、香港を招いて日本で行なわれたのが東アジア選手権だった。その最終戦で韓国に敗れてしまった直後のこと。僕が笑いながらチームメイトと話をしている姿がテレビに映し出された。

「試合に負けたのに笑っているとはどういうつもりだ!?」

日本サッカー協会にはもちろん、所属するエスパルスにまで抗議の声が寄せられてしまい、僕は注意を受けた。日本人を代表しているという自覚が足りなかったし、応援しているファンのみなさんの気持ちを十分に想像出来ていなかったと今でも反省している。

ただ――。

あそこで悔しさを顔に出さなかったのには理由がある。もちろん、悔しくなかったはずがないのだけど、ちょっとしたつまらないプライドから笑ってしまった。

あまり悔しそうにしていたら、韓国に「日本はオレたちとの差を感じて悔しがっている」と思われて今後もなめられる気がした。「今日の負けはダメージにはならないよ」と強がりたくて、僕は結果を真摯《しんし》に捉えずに笑ってしまった。あのときは、素直に悔しがって、もっと練習しようって考えたほうが良かったと思う。

笑顔は心のバロメーター

シュツットガルトでの最後のシーズン、試合中にちょっとした事件が起きた。ラバディア監督が、ある選手を交代でピッチに送り込もうとしていたときのことだ。ちなみに、僕は控えの1人としてベンチに座っていた。

選手はウォーミングアップをするときには練習着を着ていて、交代する直前にユニフォームに袖を通す。自分のユニフォームをベンチに無造作に置いている選手もいれば、しっかりと自分の席に用意しておく選手もいる。そのとき交代で試合に出ようとしている選手は、前者だった。

ところが、である。監督と用具係の人、交代する選手が何やら慌てている。

「ユニフォームがない！」

用具係の人が、取り乱す。

「バカヤロー！　ユニフォームはちゃんと用意しておけよ！」

監督が、用具係の人に向かって叫んでいた。

交代選手のユニフォームは、それでも簡単には見つからない。ベンチにいた他の選手やスタッフ総出で捜し始めたそのとき……。

僕は自分が腕に抱えているユニフォームを見て、驚いた。自分のものだと思っていたそれは、交代しようとしている選手のものだったのだ。

「すみません！」

そう言ってユニフォームを差し出すと、監督は真っ赤な顔でどなり散らした。

「×××××」

あまりの剣幕で何を言われたのか、聞き取れなかった。ただ、とてつもなく腹を立てていることだけはわかった。

チームのために申し訳ない。どうしたらいいのかわからなくなり、僕はつい、笑ってしまった。そんな僕を見た監督は、少し驚いてから、ムッとしていたような気がする。

僕は、あのとき、なんで笑ったのだろうか。

すでに謝っていたから、謝罪の言葉を重ねるよりも、早くユニフォームを渡したほうがいいと思ったのも事実だ。今思うのは、あのときは、「なんか、この監督に付け入る隙を与えたくないなぁ」と考えてしまっていたからでもある。

当時の僕は、監督のことを信じていなかった。心のどこかにわだかまりがあったのかもしれない。

「自分が悪いのに、そこまでして笑うのはなぜなんだろう？」

そうやって自分に問いかけていくうちに、シュツットガルトでプレーすることに違和感を覚えていることに気がついた。サッカーだけに限らないと思うが、上司を前にして思い通りにいかないことなんていくらでもある。ただ、あのころの僕は明らかに平常心を保てなくなっていた。

どんな場面で笑顔が出るか。それによって、そのときの自分のメンタルがわかるのだと思う。

3章

アマノジャクな成長論

先ず、「難しい」より始めよ

「オマエ、ドMやな」

よく言われるのだが、まぁ、間違っていない(笑)。

いわゆるゲームをやるときにも僕の性格が表れる。たいていのゲームは、最初に難易度を選べるが、僕はいつも「難しい」を選ぶ。「易しい」ほうは選ばない。

当然ながら、最初はちっとも上手くいかない。格闘ゲームなら、すぐにゲームオーバーになって、惨めな思いをする。

「まぁ、最初はこんなもんやろ」

最初から上手くいくはずはないという言い訳がある。だから、気楽にゲームを続けていける。この言い訳づくりが、僕なりの成長するためのポイントだ。

サッカーの練習でも似ているところがある。

例えば、パスの練習。パスの練習と一口に言っても、色々な制限が設けられていることが多い。敵がいない状態でやることもあれば、敵がいる状態でやることもある。それだけでもずいぶん違う。あるいは、パスを出す前のタッチ数を制限されることもある。味方からのパスをすべてダイレクトで返さなければいけないときもあるし、パスを出す前に2回まで触って良いとき、あるいは何度でも触って良いときなど、いくつもパターンがある。このなかでは、時間と余裕がないダイレクトで返すほうが圧倒的に難しい。ただし――。

「なんで、そんな簡単なのが出来ないんだ⁉」

そんな風に怒られるのが怖くて、僕の場合は何度でも触って良いルールで練習をしているときのほうがミスすることが多い。逆に、難しいとされるダイレクトでのパス回しのほうが良いプレーが出来たりする。ミスをしてもそれほど怒られることがないので、思いきってやれるのだ。そして、そのほうがたいてい良いプレーにつながる。

高校を卒業して、プロになるときもそうだった。僕は清水エスパルスと、地元のチーム・ヴィッセル神戸から誘いを受けた。当時、ヴィッセルのチーム統括本部長（人事の責任者）だった三浦泰年さん（現・東京ヴェルディ1969監督）には熱心に誘っていただいて、とてもありがたかった。その縁もあってか、三浦さんがそのあと、雑誌の連載で選手と対談するコーナーの最終回に僕を指名していただいた。その際に、三浦さんからは僕が当時こんな発言をしていたと指摘された。

「僕が地元のクラブを選んだら、甘えちゃいそうなので、清水に行きます」

当時はエスパルスのほうが選手層が厚かった。単純に出場機会を得るならば、ヴィッセルに行くべきだとアドバイスをしてくれる人も多かった。

「あんた、ヴィッセルがえぇんちゃう？」

母もそんなことを言っていた。近くに家族がいて、友だちも住んでいて、街についてもよく知っている神戸を選んだほうがはるかに快適だったはずだ。でも、僕は、誰も知り合いがいない清水へ行くことにした。


今の自分があるのは、エスパルスで出会ったすべての人たちが、厳しく、ときに優しく僕と接してくれたからだと思っている。それに、静岡出身の嫁と出会えたのもエスパルスを選んだから。

もしも、ヴィッセルに行っていたら、苦しくなれば友だちと遊んで気晴らしをしようと考えて、あれほど真剣にサッカーと向き合えていなかったかもしれない。エスパルスで出会った先輩たちから、僕の財産となっている貴重な言葉を聞けなかったかもしれない。

「先《ま》ず隗《かい》より始めよ」

みんなで何かに取りかかろうとするときは、誰かに押しつけるのではなく、言い出した本人から始めるべきだという意味の故事があるらしい。

「先ず、『難しい』より始めよ」

僕が成長出来た理由を表すなら、そんな感じだ。あまり根拠はないけれど、自分の性格からそういう選択をしてきた。

ミスがメンタルを鍛えてくれる

ミスをすることが怖い。

「ここでミスしたら、怒られちゃう」

そう思って、ビクビクする。

特にひどかったのが、プロ1年目の全体練習のときだ。

「チッ」

先輩たちの舌打ちが聞こえてくる。

「は〜下手やな〜」

先輩たちによくあきれられた。

夢に練習のシーンが出てきて、うなされたこともあった。それくらい、僕は先輩のみなさんを怒らせていた。理由は単純。下手クソだからだ。

森岡さんや澤登正朗《まさあき》さんなど、日本代表の経験のある先輩たちも厳しかった。

「そんな簡単なことが、どうして出来ないんだ！」

よく叱られたなぁ……。おふたりは世界のレベルを肌で感じてきた経験があるから、一つひとつのプレーに対する意識が違う。練習に対する意気込みも強い。だから、要求も当然高いものになる。

あるいは、鹿島アントラーズに所属していたときにジーコの後継者と言われていた吉田康弘さんもそうだ。エスパルスでは2軍にあたるサテライトの練習試合で一緒にプレーさせてもらうことも多かったが、そのぶんだけ怒られる回数も多かったし、ときに、あきれられた。

「それでもプロか!?」

僕も心のなかで、「吉田さん、鬼やなぁ」と思ったことがある。厳しく、しかも何度も注意を受けた。でも、吉田さんは僕のために特別に居残り練習に付き合ってくれたし、グラウンドの外でも、吉田さんお気に入りの自己啓発本も貸してくれた。それを必死に読みながら、僕もあれこれ考えていた。ものすごく厳しかったけど、ものすごく面倒見の良い先輩でもあった。

そうやって毎日のように、注意されたり、怒られたり、怒鳴りつけられたりすると、アタマのなかに浮かぶのはただひとつだ。

「ミスしたら、どうしよう」

ミスしたら叱られる。叱られたら、気持ちが沈む。それだけはなんとしても避けなければ……。そう思ってボールを蹴っていた。まぁ、上手く蹴れずに怒られることも多かったけど(笑)。

「ミスを恐れたらダメだ！」

そんな言葉をよく耳にする。その通りだと思う。でも、プロ1年目の僕はミスを恐れながら毎日の練習に取り組んでいた。

あれは、間違っていたのだろうか？

そうではない、と思っている。だって、試合になれば練習のとき以上に緊張もするし、負荷もかかる。ミスをしたらどうしようという気持ちが強くなる。

僕の場合は、ほとんど試合に出られなかったプロ1年目に、ミスを恐れてばかりいる毎日を送っていた。試合に出て重圧のかかる状態は、そのときの気持ちと重なる。

ミスを恐れてばかりいた1年間をどうにか乗りきることが出来た。だから、「この試合もなんとか乗りきればいいな」と考えられる。そう思うと、意外にもリラックスした気持ちでプレー出来るのだから、不思議だ。

一流選手になり、毎試合のように大観衆の前でプレーするのが当たり前の選手になれば、ミスを恐れるなんてナンセンスだと思う。でも、若いうちはいくらでもミスを恐れていい。それがやがて財産になる。少なくとも僕の場合はそうだった。

マイ・アイドルを作る!

高校1年生の夏、僕は燃えていた。

それまで滝川二高サッカー部の5軍にあたるEチームでプレーさせられることの多かった僕に、3軍にあたるCチームに入るチャンスが与えられたからだ。チームの紅白戦でも、やる気は十分。こぼれたボール目がけて僕はアタマから飛び込んでいった。

「ゴツン」

鈍い音とともに、痛みが走った。ボールを競り合った先輩のヒジが頭部を直撃した。赤い血がたれてきた。痛い……。

そのまま病院へ運ばれた僕は、数針も縫ってベッドに横たわっていた。ようやく落ち着いたころ、看護師さんがつぶやいた。

「あなた、ゴン中山に似てるわねぇ」

「オレ、ゴンさんに似ているのかぁ」

日本代表で9番を背負い、日本人として初めてワールドカップでゴールを決めたストライカーに似ていると言われて、嬉しくないわけがない。

そこから、(我ながら単純だけど)僕はゴンさんを強く意識するようになった。ゴンさんがゴールを決める姿に目を奪われたし、ボールを追いかけるときの顔もカッコイイなと思っていた。相手チームの選手がどんな顔をしてプレーしているかは、けっこう目に入る。苦しそうな表情だったら、自分たちが優位に立っている証拠。逆に、自分たちがリードをしているのに、相手が活き活きとした表情をしていたり、鬼気迫る表情で追ってきたりすると、「ヤバイな」と感じる。

だから、ゴンさんがカッコイイ表情をしているとき、相手チームの選手にとってはかなりの脅威になっているのだ。

ちなみに鈍足な僕ですが、

「オカザキはボールを追いかけているときが一番速く見えるよ」

と周りから言われることが少なくない。

「ひょっとしてゴンさんの影響かも？」

そう思って、ちょっぴり嬉しくなる。もちろん、日本代表でかつてゴンさんがつけていた9番を背負わせてもらっているのは、いつだって最高の気分だ。


そのあとも、僕のゴンさんウォッチングは続いた。いや、むしろ加速していった。

プロに入ってすぐのシーズン前に、ゴンさんが所属していたジュビロ磐田と練習試合をすることになった。ケガをしていた僕はもちろん出ることが出来なかったけど、エスパルスの山西さんにお願いをした。

「中山さんのサイン、もらってきてもらえないですか？」

山西さんはジュビロでプレーした経験があるので、ゴンさんのこともよく知っていた。ちなみに、このときいただいたサインはエスパルスの寮の僕の部屋の一番目立つところに飾って、毎日のように眺めていた。

「いつかゴンさんみたいになれたらいいな」

また、雑誌でゴンさんと対談させてもらったこともあったし、2013年2月にゴンさんが自らの密着番組でドイツに来たときには僕も出演させてもらい、ご飯もご一緒させてもらった。ちょうど僕が思うように結果が残せなかった時期だったので、ゴンさんの明るさには救われた。

「結局さ、悩んでいるときにはグラウンドでボールを蹴るのが一番なんだよ！」

ゴンさんにそう言われて、気持ちがスッと晴れたのを今でも覚えている。

最後の収録が終わり、ささやかな乾杯をして、ゴンさんは日本へ帰ることになった。レストランを出て、迎えの車が来たときのこと。

「オカザキィー！」

ゴンさんは大きな声で僕の名を呼ぶと、右手をグーの形にして、自分の胸にトントンと叩《たた》きつけてみせた。ゴンさん流の喝だった（もちろん、そのときカメラは回っていない）。

「ゴンさんはやっぱりスゲェな」

改めて感じるとともに、やっぱり僕はこの人みたいになりたいと強く思った。

僕は有言実行なんて出来ないタイプだし、しっかりと目標を立てて努力をしていくタイプでもない。だから、単純な憧《あこが》れは、僕にとってすごく大きな意味を持っている。

何歳までに、どんな自分になりたいとイメージ出来ない僕でも、

「ゴンさんみたいなストライカーになりたいから今日の練習を頑張ろう！」

と考えることなら出来る。僕はこれからもゴンさんを目指してサッカーを続けていくつもりだ。

メディアはサッカーノート

2013年の5月、ドイツでのシーズンが終わりに近づいていたころ、所属していたシュツットガルトで思うような結果が残せず、サッカー自体も楽しめなくなっていた。

そんなとき、目にしたのが雑誌の記事だった。当時はサッカー雑誌で連載を持っていたので、その記事も含めて、自分に関するさまざまな記事が家に置いてあった。

記事を読みながら、今までの自分を振り返り、そこまでの歩みを見つめ直した。上手くいったときの要点は、大きくわけて3つあると考えた。

1、フォワードとしてプレーしていても、しっかり守備をする。

2、相手のディフェンスラインの裏へ抜けてチャンスを狙う。
3、とにかくゴールを決める。

迷いを抱えていた僕は、過去を振り返ることで自分の武器はなんなのかを再確認することが出来た。その甲斐《かい》もあって、このシーズンの最後の試合となったドイツカップ決勝のバイエルン・ミュンヘン戦ではゴールこそ奪えなかったものの、手ごたえをつかんだ。そして、コンフェデで2ゴールを決めることが出来たのだ。悩んでばかりいた日々が、短期間で自信に変わった。

僕はよく迷う。そんなときは、自分のことを振り返るのが一番だ。頼りになるのは、自分について書かれた記事や、自分が受けたインタビューだったりする。自分が話したことや伝えたことが記録として残る。それはあとで、自分自身の財産となる。それを利用しない手はない。そういう意味では（続けられるなら）サッカーノートは役に立つのかも。

全幅の信頼を表現し、ときには傾倒する

黒田先生がグラウンドの外で人間性を鍛えてくれた恩師だったとしたら、グラウンド上で僕にサッカー選手としての希望を与えてくれたのがコーチの荒川さんだった。

荒川さんは、アルゼンチンに留学した経験があり、アルゼンチンのビエルサ監督のもとで学んだこともある。ビエルサ監督はアルゼンチン代表を率いてアテネオリンピックで金メダルを獲得し、南アフリカワールドカップではチリ代表を決勝トーナメントに導いた名将だ。

荒川さんはアルゼンチン代表のビデオを見せながら、僕にフォワードとしてどう動くべきなのかを教えてくれた。

「ボールを受けたら、前を向け！」

「フォワードなんだから、思いきり良くシュートを打つんだ！」

いつも、強気なアドバイスをくれた。当時のチームには僕のようなタイプが少なかったこともあり、荒川さんは高く評価してくれた。

「オマエは日本代表にもなれる！」

当時、僕ですら想像していないことを、荒川さんは真顔で話してくれた。

滝川二高には1軍にあたるAチームから5軍にあたるEチームまであったのだが、当初僕はせいぜいCチームで試合に出るのがやっとだった。僕が高校1年の秋ごろに、Aチームのフォワードがケガをしてしまった。そこで荒川さんは、黒田先生に進言してくれた。

「オカザキをAチームで試してみませんか？」

それがきっかけでAチームのメンバーに入れるようになり、この年の年末から翌年の初めにかけて行なわれた高校選手権では兄の嵩弘《たかひろ》とともに、2トップを組んで試合に出ることが出来た。

「オマエら、兄弟なのに動きがバラバラやないか！」

当時レギュラーだった先輩方からは、お叱りの言葉を受けることもあった（汗）。とはいえ、兄弟でそろって高校生の憧れの舞台に立てたのも、荒川さんの指導のおかげだった。

「今のオマエはただの石っころだ。でも、磨けばダイヤになる可能性がある」

荒川さんは心に残る言葉を僕にかけてくれた。海外に出てサッカーをしたいと思ったのも、荒川さんが色んなことを教えてくれたからだ。

あの出会いがなかったら……と思うとゾッとする。それくらい僕は感謝をしている。あそこまでサッカー選手としての僕を評価してくれた人は、他にいなかったから。

いいコーチと出会ったり、いいコーチを見極めたりするのは難しいかもしれない。ただ、一旦「この人いいかも！　合うかも！」と思った人に出会えたら、必死に食らいついたほうがいい。身を預け、傾倒することが成長を促してくれる。

グラウンドは最後に出る

昔から変わらないことがある。僕は最後までグラウンドに残って練習するようにしている。別に監督にアピールしたいからではない。そうしないとなんだか落ち着かないのだ。

マインツに来てからもしかり。夕方から始まったチームの練習が終わってから、暗闇のなかで照明を頼りにボールを蹴ることもある。最近は、グラウンドをゆっくり走っていることが多い。この習慣だけはずっと変わることはないんだろうなと思っている。

理由を聞かれたら、すぐに答えられる。

「上手くなりたいから」

だから、チームの練習が終わったあとにも、自分に問いかけずにはいられない。

「ここで練習をやめていいのか？　全力でやりきったのか？」

すんなりと練習を切り上げたことも昔はあった。でも、家に帰ってから落ち着かなかった。その日の練習で全力を出しきっていないと感じると、どこか気持ち悪いのだ。

マインツに来てからは、チームの練習が終わったあとに、個人的に居残りで練習をしても、まだ物足りない。だから、練習というわけではないけれど、クラブハウスに設けられた卓球

チーム練習後、チームメイトのク・ジャチョル（左）、パク・チュホ（右）とランニング。（©Shinji Minegishi）

台でチュホと卓球をするのが日課になっている。

筋トレルームでも同じだ。ガムシャラに自転車のようなマシーンに座ってペダルをこいでいるわけでもなく、なんとなくゆっくりと周りの様子を見ながらカラダを動かすのが好き。もちろん、練習のあとにチームから筋力トレーニングをするように求められたときには、必死になって汗を流す。ただ、そうでないときには、筋トレルームにいながら、チームメイトの様子をノンビリと眺めていたりする。

「あいつは、いつも早く来て、カラダをいじめ抜いているなぁ」

「あいつは、この前は必死になって筋トレしていたけど、あれ以来、一度も顔を見せないなぁ」

色んな選手がいるから面白い。チームメイトの性格なんかも、そこからなんとなくわかってくる。今ではサッカーに関するドイツ語ならば不自由することはなくなったけれど、細かいニュアンスを伝えるのには苦労する。そんなとき、そうやって目にした選手たちの行動から、どんな性格なのか少しヒントをもらえる。

カラダのリミットを振りきる

オカザキにはスター性がないと言われて気にとめない僕でも、心を痛めることがある。

「オカザキって、試合中によく転ぶよなぁ」

そうやって欠点を指摘しているかのように言われると、悲しくなる。僕が転ぶのには理由がある。

ハジが取材でこんなことを話してくれていたらしい。

「サッカーに全力を注いでいるオカちゃんの姿勢は素晴らしいと思う」

そのあとに彼が語ったという理由が、僕には嬉しかった。

「同じピッチで見ていて、これ以上は無理だろうと思う場面でも走ってくれるし、無理な体勢でもボールを拾おうとしてカラダを投げ出してくれるからです」

その通りなのだ。どうして転ぶのか聞かれたら、僕はこう答える。

「常に100%、全力でプレーしているからです」

相手のほうが明らかにボールに触るのが早そうな場面でも、もしかしたら相手がミスをするかもしれない。相手が地面に足を滑らせるかもしれない。確かに、たいていの場合はそんなアクシデントは起こらずに、不利な体勢で突っ込む僕が無様に倒れてしまう。

でも、アクシデントが起これば、僕はボールをものにして、チャンスにつなげられる。もちろん、そういうプレーを続けていけば、打撲などの生傷は絶えないし、ユニフォームは常に汚い。無様でも、あわれでも、いい。たまにやってくるチャンスを目指して、僕は突っ込んでいく（当然、僕だって100%でプレーし、それでいて転ばないことを目指している）。

ウッチーはよくこんなことを言ってくれる。「ディフェンダーの立場からすると、相手チームにオカちゃんみたいなタイプがいたら『イヤだなぁ』って思う」。最高のほめ言葉だ。

ストライカーに第一に求められるのは、攻撃でチームを引っ張ることであり、ゴールを決めること。だから、守備で頑張ろうとすれば無駄な労力をかけることにもなる。となると、残された道は2つ。

1、省エネの守備に徹する。

2、無駄な動きに対応出来るようにスタミナをつける。

僕は足が遅い。ただでさえ、大きなハンデを抱えているのだ。楽なほうに逃げていると、他の人と同じ舞台に立つことは出来ない。だから、無様でも全力で相手を追いまわすようなプレーを続けていくことにした。そのために、僕はスタミナをつけた。正確に言うと、試合や毎日の練習で100％の力で守備でも頑張ろうとするうちに、自然とスタミナがついたのかもしれない。

最近の子どもたちは何かに夢中になって100％やりきる、ということがカッコ悪い、気恥ずかしい、と思う傾向があると聞く。「あいつ、頑張っていてなんかイタいな」という感じだろうか？　他人がどう感じようが、関係ないとは思うけれど、なかなかそうは思えないのかもしれない。ちょっとオジさんくさい言い方だけど、子どもの年代でガムシャラになれないのは、やはりもったいないな、と思う。

頑張ることを恥ずかしがって、例えば80％の力で取り組んだら、やはり80以上の成果は得られないだろうし、80より下の成果しか得られない。僕はやはり100％で取り組むことをすすめたい。そうしないと、いつまでたっても自分の100が100のままで変わらない。100の枠組みを、100の体積を、自分なりに大きくしていかないと、そこから先の成長はない。

カッコ悪いな、と思っても、まず100％で振りきること。それが自分がググッと成長するときのベースになる。

人の失敗に勇気をもらう

僕は本当に小さな人間だ。それを実感して、みじめな気分になることがある。

テクニックのある選手を見ても、別にうらやましいとは思わない。ただ、そんな選手が簡単なトラップミスやパスミスをすると……。

「お、あいつでもこんなミスをするんだ！」

そう感じて、ホッとすることがある。そして、ちょっぴり勇気づけられる。

「それなら、オレがミスしても不思議じゃないやろー」

そうやって気楽に考えてプレーしたら、今度は意外と上手くプレー出来たりする。

「カッコイイ」の定義は色々あると思うけど、心の底からカッコイイなと思い、「一生ついていきます！」と迷いなく断言出来る男、それがユキさんだ。

ユキさんは、チームから戦力外だと告げられても、自らの努力で雇ってくれるチームを探し、そこで活躍して恩返しをする。泣き言はほとんど口にしない。歳《とし》を重ねれば体力が落ちたって不思議ではないのに、いつでも全力でプレーしてきた。そんなユキさんに聞いたことがある。

「いつも強い男だなぁってイメージのあるユキさんでも、『辛《つら》いな』と感じることはあるんですか？」

「そんなのしょっちゅうだよ」

即答だった。ユキさんでも、苦しいと思うとき、辛いと思うときがあるんだと知って、僕はずいぶん気持ちが楽になった。ユキさんと比べて未熟な僕が苦しく思ってもそれは当然のこと。焦らず、じっくりとはい上がっていけばいいんだと思えるようになった。

成功しても、あえてアラを探す

2009年10月に行なわれた日本代表の香港戦とトーゴ戦、2試合連続で僕はハットトリックを記録した。プロ初のハットトリック。特に香港戦はエスパルスのホームスタジアムで行なわれたから喜びも格別だった。

しばらくして、僕はテレビのサッカー番組でインタビューを受けた。

「強いチームから点をとりたいですね。ハットトリックより9月の親善試合のオランダ戦で点をとっていたほうが良かったと思いますし、やっぱりフォワードとしては価値あるゴールを決めたいんで」

ハットトリックをした約1カ月前、日本代表の一員として初めて参加したヨーロッパ遠征でのオランダ戦、僕はチャンスでゴールを決められず、チームも0－3で敗れていた。その反省と後悔がずっと心のなかに残っていた。だから、あのような発言になってしまったのだ。

もっとも、アナウンサーの方はこんな風に返してくれた。

「お話を聞いているとオカザキ選手のエースとしての『自覚』を感じます」

話を聞くプロとしてパーフェクトな返答だった。ただ、僕はエースとしてのプライドがあったからそういう発言をしたわけでもない。単純に、悔しい思いが胸のなかに残っていただけなのだ。ただ、この回答で良かったのかなぁ、あまりにかわいげがなかったんじゃないかな、とも感じていた。

ゴールを決めたときは、いつも以上に多くの人から質問を受ける。なかには、「ナイスゴールでした」と言ってくれる人もいるのだけれど、僕はついつい、こんな風に答えてしまう。

「そんなことないです。それより2点目、3点目をとれるチャンスを外したこと、あと、それ以外でもミスが多かったんで」

ゴールシーン以外でダメだったプレーのことをウジウジ考えてしまう。おかげで、他の選手からは「決めたからいいやん。そんなんでよくフォワードが出来るなぁ」と、あきれられたりもするわけですが（笑）。

そんなわけで、僕はこれからもゴールを決めても反省する日々を過ごすんだと思う。ただ、もしも、あのときのアナウンサーに同じようなことを言われることがあったら――。

笑顔でこう答えたいなと思っている。

「ゴールを決めても反省しているほうが、成長出来るんじゃないかなと思っているんですよ！」

代理人・ロベルト佃《つくだ》が考える、オカの成長キーワード9

ロベルト佃

スポーツコンサルティングジャパン代表取締役。FIFA(国際サッカー連盟)公認代理人。アルゼンチン・ブエノスアイレス生まれの日系3世。中村俊輔、岡崎慎司、長友佑都、西川周作などの代理人を務めている。6カ国語に堪能。

①オカは布

人間というのは、なかなか短所は改善しにくいと思う。ハンカチを置いて、その中心を一点つまんで上に上げると、他もくっついてくるのと同じで、彼も自分のいいところを伸ばしつつ、他の部分も総合的に高めている。

②周りをよく見る

自分が下手という意識があるから、周りに合わせないと生き残っていけない。だから、周りをよく見るし、活かすことも知っている。タレントだけで言ったら、オカよりも上の選手はいるのかもしれない。でも、オカは外せない。

③結論なき悩み

オカはよく「悩んでいるんですよ」って言うんだけど、「悩んで結論出たことある？」と聞くと「いや、ないっす」と。本人は自信はあるんだけど、誰かに確認してもらわないといけないタイプ。その自信を持ったタイミングがピタッとハマったときのオカはスゴイパフォーマンスが出来る。

④そぎ落とす

選手というのは24、25歳くらいまで伸びる。そこからは自分の力を整理して、無駄をはぶいていきスタイルを構築する。オカの場合は、自分で下手と言っているのもあって、成長していくのと、そぎ落とされていくのがいい感じでバランスがとれているように見える。ゴンさんもそうだったけど、オカは年々上手くなる。

⑤グチ上手

グチに関しては2通りの人間がいて、グチって腐るタイプと、グチってスッキリするタイプがいる。オカは後者。グチってハハハって笑って、すぐ切り替えることが出来る。

⑥助言好き

オカは基本、先輩が好き。人からの助言を素直に聞いて、実行出来ちゃう。それは彼の才能のひとつ。かわいがられ上手なんですね。

⑦嫌われない

オカはとても人がいい。人から嫌われることがない。それはドイツでもそうなんだと思いますよ。最近では、ドイツ語がだいぶわかるようになったのが個人的にはビックリ（笑）。

⑧競争意識はない

よく競争が大事、ということは言われますが、オカの場合は意識していない。オカは「気にしい」だけど、ライバル云々は気にならないみたい。結局、自分とゴールがすべて、ということ。

⑨ライバルは環境

僕は間違いなく、今のオカと南アフリカのときのオカは全然違うと思う。メンタルも格段に成長した。今のオカならどんなにコンディションが悪くても落第点はとらない（前は気持ちが乗らないと波があった）。しかも今は心技体が充実したら１２０％の力が出せるようになった。ワールドカップに向けては、コンフェデでブラジルを経験出来たのが大きかったと思う。あとは、あまり気温が上がらないとありがたい。あまり気づかれていないんだけど、オカは夏に弱いから（笑）。

4章

ゴールを奪うための心構え

エゴイスト宣言

ゴールを決められるかどうかは、運に左右される。

それを認めた上で、運とは関係のないプレーをいかにして磨いていけるかを、僕は毎日のように考えている。

そんな風に考えられるようになったのには、理由がある。ヨーロッパでは、ストライカーに対する要求があまりに高い。そんな現実を思い知らされたからだ。

例えば、日本だったらどうか。チームのエースがなかなかゴールを決められないとすると、周囲からはこんな声がかかる。

「気にしすぎるな」

監督もたいていの場合は気を使ってくれる。「伸び伸びとプレーすればいいんだ」と監督が選手に声をかけることも少なくない。

でも、ヨーロッパではそうはいかない。ドイツの場合、ストライカーがゴールを決められなければ、チームはたいてい苦しい戦いを強いられる。チームが苦しい戦いを続けていると、チームメイトの冷たい視線がストライカーにつきささる。

「なんで決められないんだ？」

監督も、ピリピリしてくる。

「なんでこんな簡単なプレーが出来ないんだ？　やる気が足りないぞ！」

叱りつけることが目的になっているのかと疑いたくなるほどに、ゴールとは関係ないプレーについてもクレームをつけられる。

チームが勝利から見放されていると、根拠のない、理不尽な意見をみんなからぶつけられることも多い。

「良いプレーなんてどうでもいいから、どんな形でもいいから、ゴールを決めろ！」

日本とドイツ、どちらが良くて、どちらが悪いかを言うつもりはない。人によって好き嫌いもわかれるだろう。ただ、今の僕はドイツ流の考えに慣れないといけない。

ドイツで求められるストライカー像に慣れるとは、どういうことか。答えはシンプルだ。

エゴイストになるしかない。

自分がどんなプレーをすれば、チームメイトがプレーしやすいのかを考えるのは、後回しになる。自分がゴールを決めるためにベストだと思える選択を常にしていくしかない。

「チームのことを考えてプレーしたいんです」

僕はそう言い続けてきたから、そうやって割りきって考えられるようになるまで、時間はかかった。けれど、思いきって考えを変えたのには理由がある。

「フォワードでプレーしている自分がゴールを決めれば、チームの勝利につながることがほとんど。勝利はチームにかかわる人たちを幸せに出来る」

そんな当たり前のことが心から理解出来た。

エゴイストになって、勝利につながるゴールを決めることが出来れば、チームのためになる。チームのためになるのであれば、「チームのことを考えてプレーしたい」という、これまでの僕の思いとも矛盾《むじゅん》しない。

2013年の6月に行なわれたコンフェデの初戦、ブラジル戦。僕は前線で圭佑、真司、キヨとともに先発出場した。

「彼らを活かすためにはどうしたらいいんだろうか？」

そんなことを考えながらプレーしていたら、僕は全く良いプレーが出来なかった。

周りを活かす能力なら、彼らのほうが圧倒的に優れているし、僕なんて足元にも及ばない。

でも、僕は今の日本代表で最も多くのゴールを決めている。チームのことを考えれば、僕はもっとゴールを目指すべきだった。

だから、0－3で敗れたブラジル戦のあとには、改めてこう誓った。

「ゴールだけを見てプレーしよう」

そのあとの2試合でいずれもゴールを決めることが出来た。それでも勝てなかったのは、僕の力不足と責められても仕方がない。ただ、使いものにならなかったブラジル戦と、そのあとの2試合の計3試合を通じて、わかった気がする。

自分は周りに活かされてナンボ。攻撃では活かされるようなプレーを一生懸命やればいいんだ、と。

僕はチームのことを考えるエゴイストへの道を進んでいこうと思っている。もちろん、他の意見や考え方もあるかもしれない。でも、この章で書き進めていくのは、その視点に立った僕なりの意見だ。

２００９年16試合15得点

２００９年、僕は国際サッカー歴史統計連盟から表彰を受けた。その年の日本代表の試合で15ゴールを記録。世界中で行なわれた代表戦で最も多くのゴールを決めた選手となったからだ。

２００８年に代表デビューしてからゴールのなかった4試合は、良いプレーが出来なかった。正直なところ、「どうして、オレが使ってもらえるんだろう？　上手い選手なら他にたくさんいるのになぁ」と、疑問を抱きながらプレーしていた。ピッチの上に立っても、一つひとつのプレーに迷いがあった。

そんな僕の様子を見かねたのだろうか、俊さんとヤットさん（遠藤保仁）から同じようなタイミングで、似たようなことを言われた。

「もっとガムシャラに、ディフェンスラインの裏を狙って飛び出していったらどう？」

この2人の大先輩は、僕が迷いながらプレーしていたことを見抜いていた。

実際、僕は周囲に遠慮しながらサッカーをしていたわけだし、出来もしないのに「日本代表のサッカーに合わせなきゃいけない」と思っていた。そりゃ、上手くいくはずがない。

2人の先輩の言葉で気づかされた。

「自分が出来ることに集中すればいいんだ」

僕の初ゴールは5試合目。その後の8ゴール目までは、常に同じピッチの上で助けてくれた中村憲剛《けんご》さんというパスの天才もいた。

当時の代表にはチームメイトを活かす選手が多く、自分のように活かされるタイプの選手が少なかったのも幸いした。おかげで、僕はノビノビと、自分のやりやすいプレーを心がけているだけで良かった。そして、気がつけば16試合で15ゴールも決められたのだ。

今になって振り返ってみると、そこにゴールを決めるためのヒントが隠されていると思う。あのときは、「ゴールを決めることをいつも最優先に考えていた」のだ。

野球の世界では「ホームランはヒットの延長線上にある」と言われている。でも、サッカーの世界では「ゴールはパスの延長線上にある」わけではない。

相手のディフェンダーが必死になって守備をしている。ゴールの前にはキーパーが立ちはだかる。そのなかでゴールを決めたければ、常にゴールを狙っていなければいけない。

ザッケローニ監督のもとで自分に求められているのは、ゴールだ。現在のチームのなかで最も多くのゴールを決めているのは僕で、そんな僕が2010年10月に監督が初めて指揮をとった試合から今まで試合に使ってもらってきたわけだから。

雑念を排除する

「シュートを打って、入った！　と思ったらダメなんだ。シュートがゴールラインを割ったときに初めて『よし！』と思うべきだ」

ずっと自分のアタマのなかでイメージしていたことを、言葉で表現してくれたストライカーがいる。シュツットガルトに所属する、ボスニア・ヘルツェゴビナ代表のイビセビッチだ。僕とポジションを争う時期もあった。それでもライバルになり得る僕に対して、彼はアドバイスしてくれた。

この言葉を聞いたとき、ブンデスリーガで80ゴール以上を決めていて、母国をワールドカップ初出場に導いたストライカーはさすがだな、と思わずにはいられなかった。

とはいえ、これだけではなんのことかわからないだろうから、順を追って説明すると……。

シュートを打つときに「決まった！」と思って、ゴールから目を離してしまうと、視線がブレてしまう。視線がブレれば、カラダの軸もブレてしまい、シュートは安定性を欠く。基本的なことだけれど、これが案外、難しい。

ゴールが決まる前に、「これは入ったな」と思って安心しているようでは、シュートが軽くなってしまう。シュートが軽くなれば、きちんとゴールの枠に飛ぶ可能性は下がるし、シュートのスピードが落ちたり、コースが甘くなってしまったりして、キーパーに止められる可能性は上がってしまう。だから、シュートを打つときには、ボールがゴールラインを割るまでしっかりと見届ける必要がある。

ちょっと違うかもしれないけど、ゴルフのパターなんかもそうだと聞く。打ったあとにすぐにボールの行方を見たくなるけど、すぐに見てはいけない。アタマを動かしてしまうと、ボールに正しく力が伝わらないからだという。

シュートを打つときに考えるのは、自分とゴールの間に立っているディフェンスの選手やゴールラインの前に立ちはだかるキーパーの位置、それからボールの軌道とシュートを打つコースだけ。それ以外の情報や雑念はすべて排除しないといけない。そのあとはボールがゴールに入るまでを目で追いかける。

理想と現実は、やっぱり違う

ストライカーへの評価は、賞賛か批判――。この2つしかない。

シュツットガルトで苦しんでいた2013年からマインツでプレーするようになった今に至るまで、それをイヤというほど思い知らされている。

パスも出せて、守備もしっかりこなせて、味方のために汚れ役になって、さらにゴールをとれる選手なんてほとんどいない。だからこそ、僕はパーフェクトなストライカーに少しでも近づきたい。でも、その前にやらないといけないことが山積みだ。

2011年の2月。エスパルスからドイツにやってきたころ、僕はこんな風に考えていた。

「ゴールをとるだけの選手でいるのはイヤだ！」

そう考えたのには、いくつか理由があった。

まず、ドイツに来るおよそ半年前の苦い経験だ。南アフリカワールドカップ。予選の途中から僕はレギュラーとしてプレーしてきたのに、大会前に控え選手に降格。日本代表が戦った4試合のすべてに途中から出ることが出来たし、デンマークとの試合ではゴールも決めたにもかかわらず、僕にとっては悔しさの残る大会だった。

「個の力でなんとか出来る選手が通用する」

という現実をつきつけられた。

ゴールを決める能力を高めるよりも先に、ドリブルやキープ力、パスの精度を上げたり、選手としての幅を増やすことを優先させようと思っていた。つまり自分の短所を改善しようとしたのだ。

2つ目が、自分のことをみんなが活かしてくれるという状況を変えたかった。

エスパルスにいたときには、右サイドバックの市さん、トップ下にいた小野伸二さん、2トップを組んだヨンセン、中盤の淳吾さん（藤本）、兵働さん（昭弘）など、フォワードとしての自分を活かしてくれるチームメイトに助けられてばかりだった。

「このままだと自分の成長に限界があるんじゃないか」

そんな不安があったのだ。

自分は日本人にしか出来ない気の利いたプレーや、攻撃のポジションの選手が普通は出来ないような粘り強い守備でチームに貢献しようと心に決めてプレーしていた。

これはシュツットガルトに入ったときから、最後のシーズンまで考え続けていたことだった。

でも、それは間違いだった。

自分と同じようなポジションでは、オーストリア代表のハルニクやボスニア・ヘルツェゴビナ代表のイビセビッチが優先して起用されていた。チームのバランスを考えてプレーする力や、当時のチームの課題であった守備に貢献する能力ならば、僕は彼らよりも勝っていたと思う。でも、試合に出続けていたのは、彼らだった。

ライバルたちは、チームのバランスが崩れようとも、「独りよがり」だと非難されようとも、ひたすらゴールを目指していた。ラバディア監督があのポジションの選手たちに求めていたのは、ゴールをガムシャラに目指して突き進むプレーだった。そして、あのポジションで勝負するべき僕は、本来の自分なら出来るはずであろうプレーを実践出来ていなかった。

当時を振り返り、そう考えられるようになったのは、２０１３年7月に加入したマインツでプレーするようになってからだ。２０１３年の8月11日、マインツの一員として初めて臨んだリーグ戦でゴールを決めることが出来たが、そのあとはゴールから遠ざかった。スタメンから外れたこともあったし、交代出場することなく、ベンチで過ごしたこともあった。トゥヘル監督から、練習でひたすら怒られていた時期もあった。

「また微妙な立場に置かれてしまうのか？」

10月に入ったころから、僕は周りに合わせるのをやめた。例えば、チームメイトが誰にパスを出そうかと悩んでいるとき。自分がゴールから離れたとしても、チームメイトのためにパスをもらおうと動くのが以前の僕。でも、そういう動きは極力しないように心がけた。

ガムシャラにゴールを狙うようにしたし、ワガママなプレーをする機会も増えたかもしれない。その上で、自分がゴールをとるためにベストだと思えるような動きを心がけ、自分がゴールを決めやすいようなところへパスを出すようチームメイトに強く求めた。結果、10月の終わりからコンスタントにゴールを決められるようになったし、ゴールを決めることで、守備でカラダを張れるという自分の特長も認められるようになっていった。

思えば、エスパルスでレギュラーになったときも、ゴールを決めることを第一に考えていた。そこから自分は変わろうとして、シュツットガルトでもがき、苦しんだ。そしてまた、エスパルスにいたときと似たような考え方に今は落ち着いている。

ただ、悩んだぶんだけ、トライしてきたぶんだけ、ゴールを決める以外のプレーに磨きはかかったし、昔と比べれば、強い自信を持ってプレー出来るようになった。

ベストゴールの定義

ドイツの公共放送連盟「ARD」が選定する月間最優秀ゴール賞をもらったことがある。この賞はテレビ局に寄せられた視聴者からの投票によって選ばれる。

2012年の2月、シュツットガルトでプレーしていたとき、ハノーファーを相手に決めたゴールが表彰された。高徳《ごうとく》の左サイドから上げたセンタリングをフォワードのカカウが競って、幸運にも自分のところにこぼれてきたボールを僕がバイシクルで決めたものだ。ジャンプして、反転しながらボールを思いきり蹴り飛ばす。ものすごく気持ちの良い瞬間だった。

「ARD」からは記念のメダルをいただいたし、僕のおばあちゃんがこんなことを言ってくれたのを覚えている。

「あのゴールは、亡くなったおじいちゃんが乗り移って決められたものなんじゃないかな」

実は、このゴールを決める少し前におじいちゃんが亡くなっていて、おばあちゃんは元気がなかった。胸のすくようなド派手なゴールを決めたことでおばあちゃんはとても喜んでくれた。

一方、自分のベストゴールを挙げろと言われれば、２００９年6月6日の日本代表対ウズベキスタン戦でのゴールになる。あの場面を振り返ると――。

僕がディフェンスラインの裏へ飛び出す。憲剛さんからのパスが来た。右足と胸を使ってトラップする。地面に落ちて、跳ねたボールを左足でシュート。一度は相手のキーパーがブロックする。しかし、キーパーにあたり跳ね返ってきたボールを、アタマで押し込んだ。美しくもカッコ良くもない、「ザ・ドロクサイ」ゴールだった。

ベストゴールに選んだ理由は、大きくわけて3つある。

1、一度はブロックされたものの、あきらめずにヘディングで押し込めたから。

2、日本代表が本大会出場を決める大事な一戦で決めたゴールだから。

3、自分に合わせてもらうという目的が達成されたから。

1つ目については、しつこい僕らしさが出ていた（笑）。

2つ目は、大きな意味があったと思っている。ストライカーはエゴイストでなければいけない。そんな真理について、今では納得しているし、自分にも言い聞かせている。ただ、心のなかには、自分のためだけではなくて、チームのためになりたいという思いが根強くある。

なぜ、そう思うのか説明するのは難しいけど、一言で言えばチームのために戦うというサッカーの本質が好きだからで、だからこそ、大事な試合で、チームの役に立てたことは大きな意味を持っていた。

3つ目は、ストライカーにとって欠かせないものだと思う。鋭いドリブルで、何人もかわせるような選手であればいいけれど、そんな選手はごく一握り。ただ、そのごく一握りの選手として挙げられることの多い、メッシ（バルセロナ）のことを考えて欲しい。

彼のドリブル、シュートの精度の高さは世界でもトップレベル。ただ、アルゼンチン代表での試合になるとバルセロナにいるときほど、ゴールを決めているわけではない。理由は単純。バルセロナのチームメイトとプレーしているときのほうが、彼を活かそうとする動きが多く、連係も洗練されている。つまり、メッシでさえ、周りの助けなしにはゴールを量産出来ない。

ウズベキスタン戦では、僕がディフェンダーの背後に飛び出して、そこに憲剛さんから浮き球のパスが出た。文字にすれば簡単なプレーに見える。ただ、あれは憲剛さんがいなければ成立しないゴールだった。厳密に言えば、僕がゴールを決める前にハセさんが相手のパスをカットしたことも、嘉人さん（大久保）が相手のディフェンダーの選手を引きつけてくれたことも、あのゴールと深い関係がある。大事なのは、チームメイトに助けてもらうこと、助けてもらえる動きをすることなのだ。

ここで挙げた2つのゴールのうち、どちらが技術的に難しいゴールかと言えば、ハノーファー戦のゴールなのかもしれない。

でも、価値があるゴールはどちらかと聞かれれば、僕は迷わずウズベキスタン戦のゴールを選ぶ。あれは僕が理想とするストライカーにふさわしいゴールだったからだ。

一夫多妻制

「中村憲剛と一緒にプレーすれば、岡崎はゴールを決める」

かつて、日本代表での僕はそう評されていた。

僕の初ゴールから8ゴール目までは、憲剛さんと一緒にプレーしている時間帯に生まれたものだった。

「ホットライン」

僕らの関係は、よくそんな言葉で表現されていた。

2人の関係がガッチリとかみ合っていた。憲剛さんは、僕を信じてパスを出してくれた。

僕みたいな平凡なストライカーがゴールを決めるために大切なのが、良きパートナーを見つけ、連係を育むことだと思う。ストライカーとパサーは夫婦みたいな関係なのかもしれない。憲剛さんが奥さんで、僕が旦那さん。ただし、僕は一夫多妻制がいい（笑）。憲剛さんという妻だけでなく、多くの妻といい連係をとって、ゴールを決められるようにしていきたいのだ。

優しいパスをくれる年上妻・ヤットさん、鋭い縦パスをくれる堅実妻・ハセさん、スルスルッと上がってきてパスを交換するイケメン妻・ウッチー、金髪の恐妻・圭佑……。

パサーはストライカーがゴールを決めて初めて、アシストというわかりやすい形で評価される。ストライカーは、パサーからのパスがあって初めて、最高の瞬間を味わえる。いいパスがもらえるようにコミュニケーションをとり、練習で精度を上げていく。そうして初めて、結果に結びつくんだと思う。

裏をとる

僕の最も多い得点パターンは、相手のディフェンスの裏に抜け出し、決める形だ。

僕が代表で試合に出させてもらっている理由のひとつは、ディフェンスラインの裏をとるという得意なパターンがあるからだと思う。

それはドイツでも変わらない。僕が今プレーしているマインツでも何度もこの形からゴールを決めている。

僕は足が遅い。にもかかわらず、ディフェンスの選手を置き去りにして、その背後に回ってパスを受けられるのには理由がある。


それは裏をとることを常に最優先に考えているからだ。


具体的なシーンを、振り返ってみる。よくあるのはこんな形だ。

味方からのパスを、ゴールに背を向けた状態で受ける。基本的には、ディフェンダーは僕とゴールの間に立っている。そこから味方にボールを落とす。その瞬間に、ディフェンスラインの裏へ飛び出し、そこで味方が出してくれたパスに反応する。そして、シュートを打つ。

ただ、このプレーにはいくつかの注意点がある。

まず、ディフェンスラインの手前でパスを受け、そこからパスを落とすとき。

「味方に向かって、丁寧《ていねい》にパスを落とそう」

なんて考えているようではダメだと思う。パスを落とすのと同時に、ディフェンスラインの裏へ飛び出さないといけないからだ。優先順位としては自分が落とすパスの精度のことよりも、自分が裏へ飛び出すタイミングを測ることが先に来る。

「味方が受けやすいパスは……」

などと考えているようではディフェンスラインの裏に飛び出すタイミングが遅れてしまう。遅れるのは一瞬だけど、そのわずかな時間が勝負をわける。まして、僕のような鈍足の選手であれば、わずかな遅れは致命的。

野球のイチロー選手を見ていると、打ってから走る！　と言うより、打ちながら走り始めていると思われる場面もあるけど、イメージはあんな感じ。パスを出しながら走る。

それに、自分とゴールの間に立っているディフェンダーが僕の前に出てくる動き、つまり味方からのパスを僕が受ける前にカットしようとする動きを封じるにはどうしたらいいのかを考えていても、ダメだ。裏をとるタイミングが遅れてしまう。

もちろん、ディフェンスラインの裏をとることを優先的に考えて、その上でディフェンダーが僕の前に出ようとする動きを警戒するならＯＫだ。順番を間違えてはいけない。

極端に言えば、味方へ丁寧にパスを落とすことやディフェンダーに邪魔されないことを考えられるのは、よほどの余裕がある場合か、相手のチームのレベルがかなり低いときに限られる。

もちろん、そうやってギリギリのタイミングを探っているのだから、オフサイドになる可能性も低くはない。ただ、オフサイドになるのを恐れていては、裏に抜けることなんて出来やしない。

ここでも、何を優先するかを肝《きも》に銘じなければいけない。ディフェンスラインの裏へ、ディフェンダーよりも早く飛び出すことを第一に考える。その上で、オフサイドにならないように気をつける。この順番が逆になっては、上手くいかない。

かつて真司がプレーしていたドルトムントにオーバメヤンという、アフリカ・ガボン代表の選手がいる。彼は、走り始めてから30mの距離に到達するまでは、陸上100mのウサイン・ボルトよりも速く走れるという。そんな超人的なスピードがあれば、話は別だ。ただ、この本の読者にそんな人はいないはず（笑）。

僕みたいに足が速くない選手がディフェンスラインの裏をとるのであれば、やはり他のプレーが雑になったとしても、裏へ飛び出すことを第一に考えないといけないし、それを相手がイヤになるくらい繰り返す必要がある。

ゴールの歓喜を味わうためには、優先順位を決めて、プレーに取り組まなければならないのだ。

5章

ゴールは人との絆でとれるもの

原点・宝塚ジュニアFC

兄が小学4年生、僕が2年生のときに、僕らは宝塚の街に引っ越した。

「サッカーをやりたい」

兄がそう言い出したのを聞いて、親が見つけてくれたのが宝塚ジュニアFCだった。

「僕も！」

そう言って、兄と一緒に入団した。

コーチを務めていたのが当時はまだ大学生の、山村さんだった。山村さんはセレッソ大阪の前身であるヤンマーのユースチームでプレーした経験もある。あの人がいなければ、自分の今のプレースタイルもなかったはずだ。

このクラブでは小学生から中学生までが一緒のグラウンドでサッカーをするため、一人ひとりに十分なスペースが与えられていたわけではない。ディフェンスラインからフォワードまで、丁寧《ていねい》にパスをつないでいくキレイなサッカーを目指した練習など出来ない。もっとゴチャゴチャしていて、必死になってボールを追いかける毎日だった。

山村コーチによって、僕のヘディングの才能が開花（？）した。例えば、センタリングが上がってきたとき、僕がボレーシュートを放ったとする。そこで、コーチは雷を落とす。

「ボレーなんて、10年早いわ！　そんなこと考える前に泥んこになれ！」

ヒザよりも上に来たボールはすべて、ヘディングしろ、と。その教えを守らなければ、色んな罰ゲームが待っていた。

朝礼台の上に立って、当時好きだった女の子の名前を大声で叫ばされたこともある。恥ずかしい。そう思いながら何度も叫んだ。小学1年生から中学3年生まで、そこに来ていたみんなに僕の好きだった女の子の名前を聞かれてしまった。「最悪やー」とか言いながら、そのルールを守っていたのはコーチの言い方にイヤミなところが少しもなかったからかもしれない。

それでも、僕たちはついボレーシュートを打とうとしてしまうので、しまいにはボールにマジックでこう書かされた。

「ボレー禁止」

サッカーを始めたころの僕のポジションはディフェンスだった。当時からヘディングは得意で、コーナーキックのときに、ヘディングでゴールを決めることもあった。

今思えば、コーチはそんな僕の特長を見抜いていたんだろうな。あの手この手で、長所を伸ばそうとしてくれていた。

ディフェンダーとしてプレーしていたときにはペナルティスポットのあたりからコーチが全力でボールを蹴り、僕がヘディングでクリアする毎日。フォワードになってからは、コーチがサイドからセンタリングを上げ、そこにアタマから突っ込んでいく練習を繰り返した。いわゆるダイビングヘッドの練習だ。不思議と怖さはなくて、ボールの行方しか見ていなかった。あの練習が目の前のものをしっかり見るという僕の長所にもつながったんじゃないかなとも思う。真夏の炎天下のなかでダイビングヘッドの練習を連続で50本、なんてこともあった。泣きそうになりながら飛び込んでいった。でも——。

「シンジ、もうやめるか？」

コーチがそんな言葉をかけてくると、僕は決まってこう答えた。

「まだ足りないッス！　お願いします」

練習はいつまでも続いていた。すごいなぁと思うのは、僕の長所だけではなくて、負けず嫌いの性格まで見抜いていたところ。コーチに「やめるか？」と聞かれたから、僕はムキになって練習を続けられた。

「泥くさくてもいいから勝て！」

そんなコーチの教えは、僕のアタマにスッと入っていった。雨の日も、雪の日も僕はカラダを投げ出して、アタマからボールに突っ込んでいった。アタマや顔だけではなく、カラダ中が泥だらけだった。それも楽しかった（そして、僕はその汚い格好のままで電車に乗って、家に帰っていた……。

山村コーチがあれほどの情熱をかたむけてくれた理由はなんだったのか。コーチになって初めて受け持ったのが僕らの学年だったのもその理由のひとつみたいだ。そのタイミングで指導を受けられたのは運が良かった。グラウンド以外にも、自宅に招いてご飯を食べさせてくれたり、コンビニでお菓子やジュースを買ってくれたり。車で遊園地や市民プールなどに連れて行ってくれたこともあった。僕らが中学に上がると、山村さんは社会人になったので、以前より接する機会は減ってしまった。もちろん、グラウンドに来ればあの熱血指導は少しも変わらなかったけど（笑）。

そんな折にそれまで以上に目をかけてくれたのが、クラブの監督を務めていた田尻会長だ。試合形式の練習では、選手のポジションを決めないでやらせてくれたこともあった。ポジションが決まっていないと、みんなバラバラになってしまう。そのころには僕もすっかりフォワードの選手になっていたけど、負けるのだけはイヤだった。だから、相手チームの攻撃になると必死になって自分たちのゴール前まで戻っていった気がする。

「オカちゃんは攻撃の選手なのに、守備でも全力をつくしてくれる」

ハジが、そうやって僕のプレースタイルをほめてくれることがある。ドイツのブンデスリーガで活躍して、目の肥えたファンや辛口のメディアからも守備力を認められた彼の言葉は重い。彼からそうやって評価してもらえる選手になれたのは田尻さんのもとでサッカーをやっていたからだと思う。

練習試合で相手チームのことをバカにして、普段は優しい田尻さんにものすごい剣幕で怒られた話はすでに書いたけど、田尻さんはサッカーだけではなくて人としての礼儀にも厳しい指導者だった。

空回りキャプテン

今思い出しても恥ずかしい記憶ばかり。それが高校時代だ。特に、3年生になり、キャプテンを務めてからのことは苦い思い出として脳裏に焼きついている。

すでに書いたように、僕が勝手に頭を丸め、みんなにもボウズにするように求めたため、同級生たちを巻き込み、大騒動を起こした。「オマエ、勝手に決めるなよ！」。みんなからつきあげられて、泣いていたキャプテンが僕だった。

他にも、チームの絆を強めるために、「みんなで寮に入ろう!」と呼びかけたこともある。このときは不満の声も上がったけれど、お金がかかりすぎるという家庭の事情で断念した人をのぞいて、同級生の何人かが寮で共同生活を送るようになった。

ただキャプテンでありながらも僕が最もだらしなかった。寮に持ち込んだ布団は3年間、一度も干していない。洗濯物も部屋に放り投げていたし、練習から帰ってきて脱いだズボンをたたむこともなかった。そのだらしなさは、今もあまり変わらない……。

そんなズボラな生活をしていた一方で、キャプテンとしてみんなをまとめるにはどうしたらいいのか、勝手に悩み続けていた気がする。当時、よく取材に来てくれていた記者の方がいたのだが、取材をしてもらうと言うよりは、僕の相談に乗ってもらうことのほうが多かった。

「みんなをまとめるにはどうしたらいいんですかね?」

「試合中はゴールを決めることに専念したいんですけど、キャプテンとしてはみんなのことを第一に考えて声をかけるべきなんですかね?」

今、思い出してもめんどくさいキャプテンだ。

「将来はプロになりたいと思っているけど、キャプテンをやっていると自分のプレーにも集中出来ない。大学進学に切り替えたほうがいいのかなぁ」

そんな風に考えたこともある。自信をなくしていた僕は、黒田先生から「一度、ゲームキャプテンを降りてみろ」と言われ、試合でのキャプテンマークを他の選手にゆずったこともあった。キャプテンという役割にとらわれすぎていたのかもしれないし、気負ってしまったのかもしれない。つくづく自分は不器用だなと感じずにはいられない。

また、キャプテンになったにもかかわらず、ケガに悩まされた1年でもあった。最後の大会となった高校選手権にも20分ほどしか出場出来なかった。その結果、最後の大会では圭佑のいた星稜に1回戦負け。２つ上の先輩たちも、ひとつ上の先輩たちも準決勝まで勝ち進んでいたのに、僕がキャプテンになったチームは1回戦も突破出来なかった。そう思うと、みんなに申し訳なくて……。僕はまた、泣いた。

でも、苦しみ続けた1年を終え、プロに入ったときには気持ちがすごく楽になった。

「プロに入ったら、誰も助けてくれないぞ」

周りの人からはそう言われていたけど、僕は違うことを感じていた。

「プロになったから、オレは自分のことだけを考えればいいんや！」

今後、僕はキャプテンを任されることはないかな？　もし指名されたら、全力で断ろうと思う!!

ダイゾウさんの想い

「進学の準備をせず、プロ入りだけを目指してサッカーをする気はあるのか?」

高校3年生になるとき、顧問で総監督の黒田先生からそう聞かれた。

「プロ入り一本で頑張ります」

そう答えたけれど、自信があったわけではない。高校生にとっての集大成である冬の高校選手権が終わってから考えればいいか、と安易に考えていた。

とはいえ、高校3年生の春が過ぎたころになると僕もJリーグのスカウトの方たちから声をかけてもらえるようになった。興味を持ってくれたのは、滝川二高のあった神戸のクラブであるヴィッセル神戸と、清水エスパルスだった。

特に熱心だったのが、興津《おきつ》大三《だいぞう》さんがスカウトを務めていたエスパルスだった。当時スカウトになったばかりの大三さんは、1年間だけうちの高校でコーチを務めていた経験もある。コーチだったのは僕の入学前のこと。直接、指導を受けたことはないけれど、うちの高校に足を運びやすかったのかもしれない。

選手としての自分のどこが評価されているのか、当時はよくわからなかった。同じ学年で、当時は星稜高校にいた圭佑のように、Ｊリーグのクラブの期待を一手に集めるような存在でもなかった。グラウンドの上での技術よりも、サッカーに対する気持ちや取り組み方を買われていたみたいだけど……。

僕は大三さんの熱意に徐々に惹《ひ》かれていった。


２００５年、僕は晴れてプロサッカー選手になった。あまり期待されていなかったから当然かもしれないけど、エスパルスに入ってからの2年間、僕はフォワードなのに1ゴールも決められなかった。

「さすがにここまで成長するとは思わなかったなぁ」

そんな僕が初めて年間で10ゴールを決めた２００８年の暮れ、大三さんからそう声をかけられた。そのとき、大三さんが僕をスカウトした理由を教えてくれた。

「オレ自身はものすごい期待と注目を集めてエスパルスに（１９９７年に）入った。自分でも活躍出来ると思っていたんだ。でも、そうはならなかった」と話したあと、こんな嬉しい話をしてくれた。

「だから、スカウトになったときに自分とは真逆のタイプの選手を探そうと考えた。下手でも、こいつは『伸びしろ』がありそうだなと思える選手をね」

これを聞いたときに、ちょっと武者震いをした。自分と真逆な選手をとるというのは、けっこう勇気がいることではないだろうか？　自分のキャリアを振り返り、自分とは反対の選手をとるというのは、自分を否定すること、とまでは言わないけれど、大きな決断だと思う。スカウトだって結果を求められるわけだし。

チームのなかで最も序列が下の選手として入団した僕は、声をかけてくれた大三さんに申し訳ないと思いながら最初の3年間を過ごした。でも、10ゴールを決めたとき、少しだけ恩返し出来たかなとも思った。

ただ、それ以上に、プロは知名度や技術のある選手だけじゃなく、気持ちが強くて将来性がある選手でもいいんだと、少し実証出来て嬉しかったのを覚えている。

先輩に甘える

僕は先輩との関係をとても大切だと思っている。悩んでいるとき、壁にぶち当たっているとき、電話をかけたり、ご飯に連れて行ってもらったりする。そこで、質問攻めにして、ヒントをもらって帰る。先輩の考えを吸収するだけ吸収して、そして、次に進むことが出来る。

例えば、市さん。エスパルスのユースからトップチームに上がり、1998年4月、高校生のときに日本代表にデビューした選手だ。17歳と322日で記録した日本代表の最年少出場記録はいまだに破られていない。エスパルスを象徴する選手で、現在はJ3の藤枝MYFCに所属している。そんな市さんは、よく新人をご飯に連れて行ってくれた。

滝川二高に入学した当時、先輩たちから怒られ続けた苦い経験を持つ僕は、プロに入ったばかりのころは常にビクビクしていた。

「どうふるまえばいいんだろう。先輩に口をきいたら怒られるんだろうか？」

怖がっていた僕にも優しく接してくれて、何度もご飯に連れて行ってくれた。市さんの自宅に招いてもらい、奥さんの手料理をごちそうになったこともあった。

新米の僕にプロとしての心がまえを教えてくれたのが市さんだった。

森岡さんもそうだ。

入団直後の僕がまともにトラップ出来なかったり、間違ったポジショニングをとっていたりするとき、厳しく声をかけてくれた。ただ、グラウンドを出れば本当に優しくて、サッカーはもちろんプライベートでもさまざまなアドバイスをもらった。森岡さんはすでに引退されて、今は指導者になっている。最近になって電話で話すことも多い。

「そっちの監督ってどんな練習をするの？」

ドイツのサッカー事情について聞かれることも多い。ドイツ人の監督はどんなところで怒るのか。どんな練習メニューを組むのか。僕が所属しているマインツのトゥヘル監督は、豊富な練習メニューを用意していることで知られているから、

「今日はこんな練習をしましたよ」

と、僕なりに必死に伝えようとしている。僕の意見がどれだけ森岡さんの役に立つのかなんてわからない。ただ、話をしていると、自分も森岡さんにアドバイスをもらっていたころに比べて、少しは前に進めているんだと感じる。

僕のことをスタッフと間違えたユキさんからも影響を受けた。服をゆずってくれたり、ご飯に連れて行ってくれたり、とにかく世話を焼いてくれた。チームの練習が終わったあと、居残りでシュート練習をするとき、何本もセンタリングを上げてくれたのもユキさんだった。

「あいつは将来のエース候補として、鍛えてやってくれ」

チームによっては、期待の新人を育てるためにベテラン選手に監督がそうお願いすること

もあるという。ただ、僕の場合は違った。期待されていない新人だったのだから、僕からお願いした。でも、ユキさんはそんな僕のお願いにも、イヤな顔ひとつせずに付き合ってくれた。

ユキさんは今、J2のV・ファーレン長崎でプレーしている。そんなユキさんに電話をかけようとするとき、僕は色々といらぬ心配をしてしまう。今の僕は日本代表の9番を背負い、ドイツでプレーするチャンスを与えられている。プロのサッカー選手としては、ものすごく恵まれた状況にある。もちろん、僕がスゴイのではなくて、ユキさんをはじめとして多くの人が手を差し伸べてくれたからだ。それはわかっている。でも――。

「恵まれた状況にある自分から電話をかけるのは、イヤらしくないかな？」

と不安になってしまう。こんなことを思うこと自体、ユキさんは嫌うだろうな。

「オレを見下しているんだろう？」

そんな風に思われたら、どうしよう。調子に乗っているつもりは全くないのだけど、不安になる。だから、電話をする前にスマホを握りながら自分に言い聞かせる。

オレはユキさんが好きだから、電話するんだ。ベテランと言われる年齢になっても、サッカーにすべてを捧《ささ》げている。何度も戦力外通告を受けながらも、サッカーが出来る場所を勝ち取ってみせる。そんなユキさんは本当にカッコイイ。自分もユキさんみたいな人間になり

敬愛するユキさんと。

たい。

何もせずにスマホを握っていて、「あなた、どうしたの？」と嫁から不審に思われるくらいだけど、それくらいの覚悟を持って、僕は電話をかける。ただ、話し始めれば昔のままの関係でいられる。ホッとするんだよなぁ。

２０１２年の11月、ユキさんがキャプテンを務める長崎は、当時のＪＦＬで初優勝。Ｊ２への昇格を決めた。ドイツにいながら、試合の行方をインターネットでこまめにチェックしていた僕は、昇格が決まったのを知るとすぐにお祝いの電話をかけた。

これは後日知ったことなのだけれど、ユキさんは周囲の人にこう話してくれていたという。

「Ｊ２昇格を祝おうと色んな人が電話をかけてきてくれた。でも、最初に電話をかけてきてくれたのは、ドイツにいるオカザキだったんだ。時差もあるのに……。嬉しかったなぁ」

あのころから今でも変わらないことは、好きな先輩にはとことんついていくということ。

先輩に少しでも追いついているか。自分の成長や停滞を感じるためにも、これからも先輩には甘え続ける。あまり、自分のことを客観的に見ることの出来ない僕にとって、自分の立ち位置を教えてくれる存在。それが先輩なのだ。

先輩から感じる

僕がプロに入った2005年、シーズンの途中にジュビロ磐田から移籍してきたのが西野泰正さんだ。西野さんと一緒にプレーしたのはわずか半年。それでも、ジュビロの黄金期を知る先輩から学ぶことはとても多かった。

西野さんの練習を見て、驚いたことがある。居残りでシュート練習をするとき、西野さんは赤いコーンを用意した。そして、それをペナルティエリア内にいくつか立てた上で、シュート練習を始めたのだ。

「何しているんですか？」

「試合のことを、想定しているんだよ！」

「えっ……」

すぐに理解出来ない僕に、西野さんは優しく教えてくれた。試合では、フリーでシュートを打てる場面など滅多にない。ディフェンダーが周りにいることがほとんどだ。赤いコーンはディフェンダーをイメージして用意したものだった。

「Jリーグのトップ選手は、そんなところまで意識しているのか」

ハッとさせられた。

それ以降は、自分に強く言い聞かせ続けた。センタリングからヘディングをするときにも、常にディフェンダーがいるイメージをしながら取り組むようになった。


エスパルスで18年間もプレーしていた伊東輝悦《てるよし》さんは、チームの練習が終わるといつも黙々とグラウンドを走っていた。２０１４年には、プロとして22年目のシーズンをJ３のAC長野パルセイロでスタートさせた。輝さんは、寡黙《かもく》なタイプ。黙々と走る背中を見ながら、長く現役でプレーするためには何が必要なのかを教えていただいた気がした。

チーム練習のあとに、ランニングをしながら、その日の練習ですべてやりきったかを振り返ってみる。明日の練習で取り組むべきことは何かを整理する。そうやって、練習で追い込んだカラダをゆっくりと休ませていく。

僕がいまだに練習が終わったあとにグラウンドを走るのは、プロとして心がけるべきことを輝さんに教わったからなのかもしれない。２０１４年には韓国代表のク・ジャチョルがマインツに加わり、練習のあとに彼やチュホと一緒にグラウンドを走るのが僕の日課となっている。

ユキさんは、プロとしてどんなキャリアを作っていけばいいのかを教えてくれた。

ユキさんは、これまで7つのクラブでプレーしてきた。しかも、Ｊ1、Ｊ2、ＪＦＬとレベルの異なる3つのリーグを経験している。僕は現役を終えるまでヨーロッパでプレーしたいと思うときもあれば、元気なうちに日本に戻って恩返しをしたいと思うときもある。だから、ユキさんにはよく質問する。

「言い方は悪いですけど、下のカテゴリーのリーグに行って、大変だと思うときはないんですか？」

そんなことを聞いたこともある。

「しんどいこともあるよ」と返してくれたこともあれば、「監督が変わって、自分のプレーを評価してくれる。それが嬉しいんだ」と熱を込めて語ってくれたこともあった。

そうやってユキさんの話を聞いて初めて、僕は将来のことをイメージ出来るようになる。

僕は、細かく未来を想像して動くタイプではない。想像力も足りない。そんな僕が前に進むための教科書となってくれるのが、人生の先輩たちだ。

先輩といると、楽だなぁと感じることもある。でも、僕が先輩にシッポを振ってついていくのは、先輩たちが自分には出来ない経験をしているからなのだと思う。

俊さん会

毎年オフに、楽しみにしているのが「俊さん会」だ。

同じ事務所に所属する俊さんに、サッカーからプライベートに至るまで、さまざまなアドバイスをもらう会。事務所の人に初めて食事の場をもうけてもらったのが、2012年の6月のことで、今まで2回ほどご一緒させていただいた。

海外でプレーする日本人選手たちが集まってカズさんのアドバイスを聞く「カズさん会」をご存じの方もいるかもしれない。それをマネして、「俊さん会」と名づけさせてもらった。

ただし、「俊さん会」に参加するサッカー選手は僕1人だけ。ゼイタク！　だから、自分の聞きたいことを、好きなだけ聞くことが出来る。シーズンが終わり、新しいシーズンの前に行なわれるこの会で、僕は前のシーズンの反省と次のシーズンの課題を改めて考えることが出来る。

僕が代表に入ったころ、10番を背負い、活躍していたのが俊さんだった。右も左もわからない僕にたくさんのアドバイスをくれた。

２００９年6月、ウズベキスタン戦の前もそうだ。直前の親善試合でゴールを決めていた僕は俊さんに呼ばれた。

「オカ、ここまでよく頑張っていると思うよ。でも、次の公式戦で決められるかどうかが大事なんだ」

当時の僕は日本代表の当落線上にいたために、親善試合でゴールを決めた喜びに浸っていた。でも、親善試合は本番に向けたテストでしかない。大事なのは、南アフリカワールドカップの出場権をかけたウズベキスタンとの試合。喜んでいるヒマなどない。俊さんは、それを伝えたかったのだと思う。

その通り、だった。僕はそのアドバイスを真摯《しんし》に受け止め、ウズベキスタン戦では日本を南アフリカへと導くゴールを決めることが出来た。

僕が代表選手として軌道に乗れたのも、俊さんのおかげだったと思う。初めのころの僕は代表に選ばれたばかり。俊さんは、日本代表として酸《す》いも甘いも経験してきた選手だから、こんな声をかけてくれた。

「オマエは余計なことはしなくていい。自由に動いてゴールを決めるだけでいいんだ」

僕みたいな若造に出来ることは限られていた。ゴールをとることを期待されて代表に選ばれていたので、それだけに集中すればいいと背中を押してくれたのだ。不器用な僕にこれほど適切なアドバイスはない。あれもこれもやろうとしていたら、中途半端になり、代表から呼ばれなくなったかもしれない。

「俊さんはグラウンドの外でも最高のパスを送ってくれるんや！」

当時の僕はそんなことを感じていた。

「俊さん会」で心に残っている言葉なら、いくらでも挙げられる。

「オレは代表への気持ちが強すぎちゃったんだよ……」

それまで代表のエースとしてプレッシャーも責任も一手に引き受けてきた俊さんだが、南アフリカワールドカップの前にスタメンから外されてしまった。当時、どんな気持ちでいたのかを聞いたとき、この言葉が返ってきたのだ。僕はガムシャラさを売りにしているし、サッカーへの愛なら誰にも負けないと思っていた。でも、この言葉を聞いて、まだ足りないと思うようになった。代表への覚悟も、サッカー選手としての責任も。

ワールドカップ中も、俊さんはスタメンから外れた僕のことを気にかけてくれた。大会中、チームの練習が終わっても俊さんと僕はピッチに残っていた。

「シュート練習、やるぞ」

その理由については、こう話してくれた。

「たかが1本かもしれないけど、この練習が最後に活きてくる」

僕は、先発から外れて気持ちが沈んでいた。ただ、俊さんが味わったであろう落胆と失望は、僕のものとは比べものにならないほど大きかったはず。それでも、僕にはそんな素振りを少しも見せず、居残りの練習に誘ってくれた。

スタメンではなくなった僕は、幸いにもデンマークとの試合で途中から出場してゴールを決めることが出来た。俊さんとの居残り練習がなかったら……と今でも思う。シュートの技術の問題ではない。チャンスがいつ来てもいいように、しっかりと準備してきたからこそ、ゴールを決められた。

メディアとの付き合い方でも、俊さんの言葉に学ぶことは多い。サッカー選手なんて、活躍出来る試合もあればそうでない試合もある。俊さんが教えてくれたのは、そこで何を話すべきかだ。

「ゴールを決めた試合のあとに、良かった点を挙げるのは簡単だよ。でも、そうじゃない」

俊さんが伝えたかったのは、こういうことだ。

自分のプレーに手ごたえがあるときこそ、課題を挙げる。それによって自分をいましめることになるし、「オカザキは調子に乗っている」と思われずにすむ。

逆に、課題ばかりが見つかった試合では、そのなかで見つかった手ごたえを考え、口にする。そうしないと、自分の意図が誤って伝わってしまい、「オカザキは不満を爆発させた」と思われてしまうかもしれない。

良いときはおごらず、悪いときは落ち込みすぎない。それを教えてくれたのが俊さんだった。

「いいか、オカ。ゴールを決めたときは考えてみるんだ。誰がパスを出してくれたのか。その人への感謝を口にしないとな」

ゴールを決めると喜びを爆発させてしまう僕の頭のなかに、あのアドバイスは今も焼きついている。

そういえば、子育てについての名言も、インパクトがあった。

「『イクメン』なんて言葉、おかしくないか？　男も育児をするのは当然だよ」

いやぁ、恥ずかしい。この話を聞いたことは、僕が改めて育児について考えるきっかけになった。

今年も、来年も、「俊さん会」を楽しみにしている。でも、「次は俊さんの家でバーベキューやりたいです」って言ったこと、覚えてくれているかなぁ（笑）。

恩師・黒田先生の教え

滝川二高は、僕を劇的に変えてくれた。

なかでも、サッカー部の顧問であり、監督を務めていた黒田先生の影響は大きい。先生にはモットーがある。

「人間性＝サッカー」だ。

僕が「黒田監督」ではなく、「黒田先生」と呼ぶのも、サッカーを通して人間性を育もうとする教えがあったからだと思う。

僕たちはサッカー以外にも色々なことに取り組んでいた。

最も印象深いのが、NHKのドキュメンタリー番組『プロジェクトX』を見て、感想文を書く授業だった。サッカー部としての大事な活動のひとつだ。

入学と同時に寮に入った1年生は、いわば下っ端。寮の食堂にテレビはあったけれど、最も近いところに座るのが3年生で、ついで2年生。その後ろに1年生が座る。1年生のときなど、それほど大きくもないテレビから20mは離れたところに座らないといけない。テロップの文字を読み取るのも難しいくらいだったから、高校時代にはテレビを見た記憶はほとんどない。

それでも、『プロジェクトX』の時間だけは、テレビの近くに座って、見ることが出来た。いくつものドキュメンタリーを見ていくうちに、僕はひとつのパターンがあることに気がついた。何かに挑戦した人が苦境に陥りながらも、最後は目標を達成するというもの。僕の感想文もパターン化してしまい、「いつも同じような感じだけど、これでえぇんやろか」と心配になった気がする。ただ、あのパターンを刷り込まれたのは、今になってみると、意味のあることだったんだと思う。

自分が苦しいときにこんなことを考えられるようになったからだ。

「『プロジェクトX』でも主人公の人、苦しんでいたなぁ。自分もこの苦しいところを乗り越えたら、良い未来が待っているんじゃないかな」

苦しいときにアタマに浮かぶのは、意外とシンプルなこと。パターン化していると言われようとも、繰り返し見せられた番組は僕の糧《かて》となっている。

他にも、練習のメニューにふさわしい名前をつけるように命じられたこともあったし、新しい年が始まるときには部員同士で話し合って、その年のスローガンを漢字一文字で決めるよう求められたこともある。ちなみに、僕が3年生でキャプテンとなったときには、「侍」にした。侍のように強くなりたいと、思ったからだ。

当時の僕は、とにかく怒られてばかりいた。「恋愛にうつつを抜かすな」と言われたこともある（実際気をとられたことがあった）。特にキャプテンになってからは、「キャプテンがサッカー以外のことに気をとられてどうするんだ？」と何度も注意された。黒田先生に言われて、イヤだなと感じたことはもちろんあった。多感な（？）高校生のときだったから仕方ない。ただ、それでも先生の言葉を受け入れることが出来たのは、サッカー選手として大成するためには人として成長しなければならないという先生の信念が心に響いていたからだ。黒田先生が理由もなく怒ることは一度たりともなかった。

黒田先生は滝川二高を離れたあとにはヴィッセル神戸に移り、今では台湾で指導者として活躍している。もう65歳になるけれど、いつまでも自分の殻《から》を破ろうと挑戦を続けている。そんな黒田先生の影響を、僕はかなり受けている。

この本を書くにあたって、これが正解だなんてみなさんに押しつけたくないと思ったのもそうだ。僕が考えを押しつけるほどの偉い人間ではないというのも理由のひとつだけど、それ以上に、「オレはまだ変われる」と僕自身が思っているから。そう、黒田先生のように。

高徳と宇佐美

先輩にはとにかくお世話になってきた僕だけど、後輩と付き合うのは苦手だと、なんとなく思っていた。エスパルスにいたときも、先輩に食事に連れて行ってもらった回数は数えきれないくらいあるけど、後輩にご飯をおごった記憶がない。僕がケチだから、ではない（笑）。

同期や先輩が、後輩たちを食事に誘っているのを見て、こんなことを感じていた。

「後輩たちには良くしてくれる先輩が僕以外にいるってことやろ」

自分が誘っても、「本当はオカザキさんと行きたくないのにな」と思われたら、「イヤだな、申し訳ないな」、と考えていた。さらに、後輩といると余計な気を使うことも多かった。

「先輩のオレがリラックスさせてやらないといけない」

「敬語は使わなくていいよ、と伝えたほうがいいかな」

余計な気を使うから、僕自身も落ち着かない。というわけで、僕から後輩を避けていた部分はあったのかもしれない。いや、確実にあった！


そんな僕にも、かわいい後輩が出来た。

2012年の1月、アルビレックス新潟から高徳《ごうとく》がシュツットガルトに移籍してきた。僕の4つ下の選手で、当時はまだ20歳。高徳は日本人の父親とドイツ人の母親の間に生まれたハーフだが、最初からドイツ語を話せたわけではない。チームにいる日本人は僕ら2人だけ。だから、年上のサッカー選手として、シュツットガルトでの先輩として自然に接していくようになった。試合のあと、ベンチに腰をおろして、その日の90分について語り合うのが日課になった。どうして勝てないのか。勝因は何か。お互いの連係を高めるにはどうしたらいいのか。色んなことを話し合ったなぁ。

遠征先のホテルで同じ部屋に割り当てられたこともあり、2人で話す機会はどんどん増えていった。

「あれ、意外と気軽に話せるな」

高徳と接するうちにそんなことを感じるようになった。日本代表ではウッチーが後輩ではあるのだが、歳《とし》はひとつしか違わず、友だちという感じ。でも、４つ離れた高徳とは先輩と後輩と言ったほうがふさわしいと思う。

「シンジさん、シンジさん！」

高徳は人懐っこいタイプで、積極的に話しかけてきてくれるので助かった。

高徳との一番の思い出は、２０１２年の11月。ルーマニアの首都ブカレストで行なわれたヨーロッパリーグの試合だった。

彼はサイドバック。

「いつか、僕がシンジさんのゴールをアシストしますよ」

そんな風に高徳は言ってくれた。しかし――。

この試合では前半23分に僕が出したパスを、高徳が豪快に蹴り込み、ゴールが生まれた。僕のアシストで、彼がゴールを決めることになった。

「おい、オレより先に決めてるやん！」

ゴール後に祝福に行きながら僕は、そう言わずにはいられなかった。先輩たちから突っ込まれてばかりの僕が、後輩に自然と突っ込む。大げさだけど、ちょっと殻を破れた感じがした。

ちなみに、この８分後、高徳はなんと、僕のゴールをアシストしてくれた。

翌日、シュツットガルトの地元の新聞の1面には僕たちが笑顔で抱き合う写真がデカデカと掲載された。シュツットガルト時代の良い思い出だ。

高徳と接していくなかで、コンプレックスを克服していった僕は、この年にもう1人の後輩から影響を受けた。

当時はホッフェンハイムに所属していた宇佐美。僕とはプレーも経歴も真逆で、10代のころから天才として注目を集めていた選手だ。

2012年の9月、彼と対戦した。彼のタックルが僕に直撃し、僕はそれがきっかけでケガをした。もちろん、故意ではない。あとで詳しく書くけれど、僕はこのケガに感謝している。それまでの自分の態度を改めるきっかけになったからだ。

それに宇佐美は、日本人の攻撃的な選手は守備が出来ないという評価を、覆《くつがえ》そうともがいている最中だった。同じ日本人として誇らしく思った。フェアプレーのなかでのアクシデントで「宇佐美め！」とは、当然思わなかった。

ただ――。宇佐美自身は、責任を感じていたらしい。それから数週間後、知らない番号から着信があった。

「今度、シュツットガルトに遊びに行ってもいいですか？」

わざわざ僕の番号を調べてかけてくれたのが、宇佐美だった。謝れば、「そんな気にしなくていいよ」と言われるのがオチ。かしこい宇佐美はそう考えたのだろう。謝罪のかわりに、遊びに行きたいと申し出てくれた。

僕は自分からグイグイ行くタイプではない。でも、したわれるのは嫌いじゃない。シュッツトガルトの日本食レストランに案内して、初めて宇佐美とゆっくり話した。話してみると、あいつのことを好きになってしまった（笑）。若くして天才と騒がれてきた選手なのに、調子に乗ったところがまるでない。むしろ、礼儀正しい。

「ホンマ、いいヤツだなぁ」

そう感じながら、日本料理を次々とたいらげていった（一応、僕のおごりで（笑））。僕も宇佐美も、お互いに関西人だ。これを機に僕らは打ち解けた。それから1年とたたずに宇佐美は日本に帰ることになったが、その間にも3回くらい遊びに来てくれた。奥さんを連れて。気がつけば、僕らは家族ぐるみで付き合うようになっていた。

高徳や宇佐美が先輩を立ててくれる心優しいヤツらだったのは間違いない。ただ、そんな彼らが気づかせてくれたのは、僕には初めからコンプレックスなんて存在しなかったということ。

つまり、食わず嫌いだったのだ。

よく考えてみると、後輩は僕に気を使ってくれるし……。今では後輩といると心地良さを覚えてしまう。

切磋琢磨

ワインに当たり年があるように、スポーツの世界にも当たり年があるのかもしれない。

1986年に生まれたアスリートは、世界に飛び出して活躍する人であふれている。日本スポーツ史のなかでも、これほど多くの種目で、海外で活躍する選手が生まれた年は他にないのかもしれない。

この年に生まれたサッカー選手で最近の日本代表にコンスタントに名を連ねているのが、圭佑、佑都、ハジ、周作（西川）だ。サッカー界だけではない。アメリカのメジャーリーグで活躍するダルビッシュ有さん、レベルの高いトルコリーグでプレーするバレーボール選手・木村沙織さん、F1レーサーとして世界を転戦する小林可夢偉《かむい》さんなど……。

スゴイ名前がズラッと並んでいるけど、一応、こんな僕もその1人。幸せなことだ。そう思うのは、「86年組」に名を連ねられたのが名誉なことだからではない。彼らから刺激を受けられるからだ。

僕にとって高校最後の大会となった冬の高校選手権。1回戦で圭佑のいる星稜高校に負けた。僕はキャプテンだったにもかかわらず、ケガをしていて、ピッチに立てたのは最後の20分くらいだけだった。

当時の高校選手権では準決勝から聖地・国立競技場でプレーするチャンスが与えられた。高校1年のときも、2年のときも、僕はあの芝生の上に立てたのに、キャプテンとして臨んだ3年の最後の大会だけ、それがかなわなかった。チームメイトにも、偉大な功績を残してきた先輩たちにも、申し訳なく思った。

「本田君はスゴイなぁ」

当時、彼との間にはうまりそうにない差を感じていた。圭佑はそのあと、プロ入りしてすぐに名古屋グランパスで試合に出ていたし、当時のワールドユース（現・U－20ワールドカップ）にも出場した。ヨーロッパにやってきたのも彼のほうが2年も早い。

もちろん、彼がしばしば公言しているように僕らの見えないところで失敗もしているんだろうし、血のにじむような努力をしてきたから今の彼があるのは間違いない。ただ、その魅力はプレーだけではない。一つひとつの発言が、日本のファンや選手をはじめ、多くの人に影響を与えているし、日本におけるサッカー選手としての地位や名誉を高めてくれたのも彼だ。

佑都と僕は、ある時点までは似たような境遇に置かれていた。彼は名門・東福岡高校の出身ではあったけれど、大学を経由してプロ入りした苦労人だ。初めて日の丸を背負ったのは、2007年6月に行なわれた北京オリンピックのアジア予選。僕と同じタイミングだった。それでも、たゆまぬ努力によって僕よりも早く、A代表へと登り詰め、ヨーロッパへわたった。努力をする姿勢がブレることはないし、誰に対しても同じような態度で接する。そして、今では世界中のサッカーファンが知っているイタリアの名門インテル・ミラノでプレーし、キャプテンも務めた。

「スゴイわぁ」

思わず、そう口にしたことがある。家族でイタリアへ旅行したときに、彼のチームがあるミラノではなく、ローマの街で佑都のユニフォームが売られていたのを見つけたからだ。

「イタリアでも佑都は全国区の選手なんだなぁ」

ちなみに、僕がエスパルスからシュツットガルトへ移ったのとほぼ同じタイミングで彼はインテルへ。僕の移籍も少しは騒がれるかなと思ったけど、彼の偉業の前にかすんだ（笑）。

最近は、代表の合宿中に、圭佑や佑都と話をして、どうしたら今以上に良いサッカーが出来るのかを話し合うことも多い。2011年のアジアカップのホテルでは3人でバルセロナの映像を見て、熱く語り合ったりもした。同じ歳だからこそ、気楽に話せるし、気兼ねなく熱くなれる。

一方、同じ「86年組」のなかで似た境遇同士として刺激を与え合っているのが、ドイツでプレーするハジだ。北京オリンピックの合宿中にも一緒にトランプをするなど、以前からハジとは仲良くしていたが、サッカーの話はあまりしていなかった。

サッカーについて話をするようになったのは、2011年に入ってから。僕がエスパルスからシュツットガルトに移籍した時期に、彼も浦和レッズからアウグスブルクへと移ったからだ。移籍が決まる前からお互いに移籍についての情報交換をしており、その流れでドイツへ行ってからも頻繁に連絡をとるようになった。

「オカちゃんは、電話でサッカーの話をすることが一番多い選手です」

ハジは、雑誌のインタビューでそう話してくれていたようだ。

彼は経歴だけを見れば華やかだが、エリート街道を歩んできたわけではない。むしろ、コツコツと努力をして、今の立場を築いた。浦和に入団してから出られない時期があったし、ドイツでの2012-13シーズンに僕がシュツットガルトで苦しんでいたとき、彼もまたレバークーゼンで苦しいときを過ごしていた。

個人的には、彼のプレースタイルに魅力を感じる。ハジは、テクニックに長《た》けたタイプではない。けれど、ピンチになればボールに対してアタマから突っ込んでいくし、試合中にも大きな声で味方を盛り上げる。

そんなハジとはこんな言葉をかわすことが多い。

「オレたちって、点をとっても、試合で活躍してもあまり評価されないよなぁ」

でも、僕たちが良い関係だなと思えるのは、そのあとだ。僕たちの会話はいつも、こんな風に終わる。

「周りの評価なんかに惑わされず、全力でサッカーをすることが出来るのがオレたちだろ？頑張ろうぜ！」

もちろん、ハジの場合はそのプレースタイルからドイツではすごく評価されている。おそらく日本人よりもドイツ人のほうが彼の魅力を感じているはずだ。でも、日本人からの評価に対して文句も言わず、サッカーにすべてを注いでいる。そこに刺激を受ける。

そもそも、学生時代はもちろん、プロになってからも同級生の存在が気になって仕方なかった。エスパルスに加入したときの同級生たち——。青山直晃、岩下敬輔、枝村匠馬、平岡康裕、財津俊一郎、鈴木真司。北京オリンピックを目指す年代別の代表チームに立ち上げ時から選ばれた青ちゃんをはじめとして、あの年は優秀な選手ばかりが集まった。そんな同期のなかでデビューが最も遅かったのが、僕だった。

「オレはいつまでたっても試合に出られないままなんだろうか」

彼らがトップチームの試合に出たり、レギュラーになるたびに、同期として嬉しい反面、不安な気持ちになった。もちろん、同期の仲間として困ったことがあったら相談もしたし、辛《つら》いことがあればなぐさめ合ったりもした。

今では日本とドイツ、違う環境でプレーしていて、しょっちゅう顔を合わせることは出来ない。それでも、Jリーグの情報に触れるとき、エスパルスのニュースと並んで気になるのが、彼らの活躍についてだ。ニュースなどで彼らが試合で良いプレーを見せたと聞けば自然と気合いが入る。


「オカザキは周りの選手のことばかり気にしているヤツ」

と笑われるかもしれない。その通りだ。明確な目標を立て、そこから逆算して行動をとるなんていう器用なことは出来ない。だからこそ、同級生の存在が僕には欠かせなかった。

「同級生」。それは先輩でもなく、後輩でもない唯一フラットな存在。

「あいつらに負けてられんわ。オレも頑張らなアカン！」

そうやって僕のモチベーションに火をつけてくれるのが、燃える「86年組」の仲間たちなのだ。

おばあちゃんは一番のサポーター

僕には自慢の「ITおばあちゃん」がいる。その母方のおばあちゃんは89歳になった。でも若い。気が若い。ケータイを自由自在に操《あやつ》り、絵文字付きのメールを送ってきてくれる。

「シンジなぁ、あんたの悪口を書いている人がいたから、反論しといたわ！」

以前、そんなことを言われた。何かと思って、よく聞いてみるとインターネットの掲示板「2ちゃんねる」の話だった。

おばあちゃんは、インターネットにはまっていて、掲示板で僕のことを中傷する書き込みに目を光らせていたらしい。いわゆる、「2ちゃんねらー」だった（笑）。

「いや、おばあちゃん、それはアカンよ！」

僕は必死で止めた。かかりつけのお医者さんも、おばあちゃんに忠告していたらしい。

「そういうものを見て、興奮するとカラダに負担がかかりますよ」

ということで、それ以来「2ちゃんねる」を見るのはやめたらしい。あのころは、ホンマに心配したなぁ。

いまだに何か感じることがあると僕のところにメールを送ってきてくれる。単に僕を励まそうとしてくれることもあれば、戦術について意見を聞かせてくれることもある（しかも、的外れな意見を言うことは決してない。スゴイ！）。

「平山さん、結婚したみたいね。良かったわね」

女優さんの話かなと思ってよくよく聞いてみたら、僕のひとつ年上の、FC東京のフォワードである平山相太さんのことを話していた、なんてこともあった。戦術からプライベートまで、幅広い。大正生まれとは思えないほど、アグレッシブだ。そして、ITにも強い。2年くらい前、脳年齢を測ったらなんと20歳と診断されたらしい……。

僕は、いわゆる「おばあちゃん子」だったわけではない。小学校、中学校とサッカーに明け暮れていたし、高校に入ってからは寮生活が始まった。お年玉をもらって嬉しい記憶は鮮明だけど、それほど頻繁に会えたわけでもない。

話すようになったのは、高校を卒業して、プロに入ってから。そのころには、おばあちゃんもケータイを使いこなしていた気がする。

ただ、僕がプロになってから変わったと言うよりも、おばあちゃんのほうが変わったのかもしれない。すでに80歳になっていたけれど、僕がエスパルスで試合に出るようになると、それまで以上にサッカーに興味を持つようになった。僕の試合もテレビで観戦してくれるようになった。

戦前に、おばあちゃんは、後に結婚することになるおじいちゃんと知り合った。けれど、おじいちゃんは、すぐに第二次世界大戦の戦場へ行ってしまった。なんとか生きて帰ってきたけれど、おじいちゃんには仕事のあても、誰かが残してくれた財産もなかった。それでも結婚を決意。当然ながら、家族には反対されたらしい。そこから子どもを6人も育てた。そのうちの1人がうちの母だ。

お金に困っても、お腹《なか》が空《す》いても文句ひとつ言わないおばあちゃんに支えられたおじいちゃんは、定年までの30年あまり1日も会社を休まなかったという。おばあちゃんは70歳を過ぎて足が悪くなったが、そのたびに何度もリハビリを乗り越えてきた。朝の3時に起きて、近所を歩き始めるなんてこともあった。

そんな苦労人のおばあちゃんは、僕の心もお見通しだ。シュツットガルトでの最後のシーズン、僕は思うように結果を残せなかったし、自分があのチームで何をすべきか迷っていた部分もあった。苦しいと思うときも少なくなかった。そんなとき、おばあちゃんはメールをくれた。

「おばあちゃんも手術をして、暗い気持ちで過ごしていたこともありました。足が悪くなって、リハビリをしていたときも苦しかったわ。でも、そんなときには一歩、一歩、前に進んでいくしかないと思って、頑張っていました。

慎ちゃんも今は苦しいかもしれない。みんなからの期待もあるでしょう。でも、一度にやれることがたくさんあるわけではないのよ。シンプルに考えて、頑張ればいいんちゃう？応援してるで(*^_^*)」

おばあちゃんはどこかでオレの様子を見てるんかな、とビックリした。

自分が苦しんでいるときに絶妙のタイミングで励ましの言葉をくれる。自分を認めてくれる人がいることがとにかく嬉しかった。悩んだり、不安に思ったりしながらも、自分は正しいと思って、毎日の練習に取り組んでいたから。

そんなおばあちゃんの意見には、僕も自然と耳をかたむけるようになった。自分の調子が悪いとき、上手くいかないとき、おばあちゃんの意見が浮上のきっかけになることもある。他の人に指摘されてもなかなか受け入れられない言葉も、おばあちゃんから言われると素直に聞けたりもして。そんなおばあちゃんがいて良かった。

父は癒し系

「オマエは、オレの子じゃない！」

真顔でそう話していたのが、うちの父だ。僕が小学生のときに運動会では応援団長になったり、さまざまな行事で児童を代表して挨拶などをしたりする姿を見て、違和感を覚えたらしい。

「お父さんは、人前に出て何かするなんてしたことがないぞ！　オマエは誰に似たんだ（笑）」

自分とは似ていない行動をとる息子に驚いていたようだ。もっとも、目立ちたいという単純な理由から応援団長などに立候補しただけで、僕も基本的には家では静かに過ごしていたいタイプだ。よくしゃべる母や兄とは異なり、家では静かに過ごしている父と自分は似ていると思っている。

父の身長は１６５㎝。体重は……まぁまぁ重いはずだ。そして丸い。家ではソファーに座ってテレビを見たり、黙ってご飯を待っていたりする。性格は温厚。大仏みたいな癒し系だ。

２０１０年の５月、ワールドカップの日本代表に選ばれた報告もかねて実家に帰ると、父は笑顔で迎えてくれた。そして、僕がソファーに座ってくつろいでいると、父が声をかけてきた。

「シンジ、すまん。これ、お願いできんか？」

口では謝っているけど、顔はニンマリ笑っていた。両手には大きな紙袋。まっさらな色紙が200枚以上あった。会社の人に、僕のサインを頼まれたらしい。お人好しの父は断ることが出来なかったそうだ。「僕も」「私も！」と頼まれていき、気づいたら大量の色紙が目の前にあったという。断れない父の姿が目に浮かんで、その色紙を受け取った。

そんな温厚な父だから、叱られたことはほとんどない。怒られたのは、中学2年生のときの一度だけ。みんなが寝静まった夜にこっそりとテレビゲームをしているのを見つかったときだ。父は基本的に怒ることの出来ないタイプ。そこも僕と通じるところがある。

いつのことだかはっきりとは覚えていないけれど、シーズンオフに父と2人でお酒を飲みに行ったことがある。普通なら、お酒が入れば話がはずむ。でも、そのときの僕たちは何を話したのか覚えていない。それくらい静かなお酒の席となった。

「なんで飲みに来ちゃったんやろ」

そう思ったけど、無言でも気まずい空気が流れることがなく、似た者同士で心地良かったのは覚えている。

そういえば、嫁との結婚が決まったタイミングで、嫁の家族とうちの家族が初めて静岡で顔を合わせることになった。会場は、僕の大好きな焼肉屋さん。

「なんで、焼肉屋さんなの？」

僕のチョイスに対して、みんなから「両家の顔合わせの席にふさわしくないのでは？」と疑問をなげかけられ、少し焦った記憶がある。そんな気まずい雰囲気を吹き飛ばしてくれたのが父だった。

「本当に嬉しいです！」

新郎の父として挨拶をした父は、お肉ではなく、お酒にばかり手が伸びていき、気がついたらグデングデン。普段はあまりしゃべらないタイプなのに、この日はやたらと口を開いて、僕たちが結婚するのがいかに嬉しいかを説いていた（同じ話を繰り返していただけのような気もするけど……）。会が終わるころには完全に酔っぱらっており、まっすぐに歩けない。フラフラで、ホテルに戻るまでに何度も倒れそうになっていた。

「良い人みたいで安心しました」

父の姿を見たお義母《かあ》さんがそう言ってくれたことで、縁談（？）は上手くまとまった。ひどく酔っぱらっていた父の肩を支えるのが大変だったけど、緊張していた僕は、父の奮闘に助けられた気がした。

今でも実家に帰れば、小言を言うわけでもないし、こちらの話になんとなく耳をかたむけているのがうちの父だ。いつまでもオテンバ娘でいる母と、温厚な父とのバランスは絶妙。僕が反抗することなく、学生時代を快適に過ごせたのは父のおかげだと思っている。

母もアマノジャク!?

母の高校時代の写真を見て、「あぁ、親子なんだなぁ」と思う。そこに写る太いふくらはぎ（もちろん、今は細い）は、自分とそっくりなのだ。うちの母は幼いころからテニスに熱中していて、高校時代にインターハイのダブルスと団体戦で優勝した経験もある。

岡崎家は共働きで、母は仕事も生活も楽しそうにしていた。人生満喫系。それに、母はよく話すタイプで、家にいるときは騒がしかった。その性格は兄が受け継いだ。

「2人とも、ようしゃべるなぁ」

あまり家では話さない僕は、いつもそんな風に思っていた。

そんな〝モーレツ母さん〟は、思い立ったらすぐに行動するタイプ。母の思いつきで引っ越しをすることも多かった。僕は高校から寮に入るために家を出たけど、幼稚園、小学5年、中学3年と兵庫県内で3回も引っ越しをしている。引っ越しをするたびに、「新しい学校で上手く馴染めるかな」と冷や冷やしたのは確かだけど、いつしか、引っ越すことに慣れてしまった。引っ越しに限らず、母は思い立ったらすぐに行動に移すので、決めていたスケジュールをガラッと変えるのもしょっちゅうだった。

「まぁ、えぇか」

ものごとが思い通りにいかなくても、母はいつも笑い飛ばしていた。

僕に苦しいことがあると、母はこう言ってなぐさめてくれた。

「焦らなくてもいい。今は積み立て貯金をする時期やと思う」

僕の調子が良いときには、こう言ってたしなめてくれる。

「シンジ、浮かれたらあかん、今は貯金を引き出しているところやから」

人生を貯金にたとえて、ポジティブに生きられるようなヒントをくれた。それは大きな力になった。

「子どものころ、母さんのポジティブな助言に本当に助けられたなー」

2児の父親となってから、ふと母にそんな話をしたことがあった。そうすると母は、

母譲りの見事なふくらはぎ。（©Shinji Minegishi）

「シンジは私をそういう風に見てたんか。日ごろの私は能天気に見えるもんね。でも、本質はかなりネガティブやで。いっつも最悪のことを考えている。有言実行なんて出来ない。ただ、みんなに期待されているのを感じると、それには応えたくなる。私はアマノジャク。そういう点ではシンジに似てるんじゃないかな。根性が似ているんやろな」

この話を聞いて驚いた。いつもポジティブに見えていた母からこんな言葉が出たからだ。そして、最近、もうひとつ気づいたことがある。

これまで記してきた通り、僕自身は基本的にネガティブな人間だけど、子どもには、いつもポジティブな言葉をかけているということ。天性のふくらはぎだけではなく、メンタリティも子育ても「あぁ、親子なんだぁ」と。

アニキ

「ずっと前から好きでした。お付き合いしてください！」

素敵な女性にそんな声をかけられたとき、あなたならどうするだろうか。

「ゴメンなさい。今はサッカーに打ち込みたいので付き合えないよ」

そう答えたことがあるのが、岡崎嵩弘《たかひろ》。僕のアニキはそれくらいサッカーに一途なのだ。

2歳上のアニキから受けた影響は計り知れない。

「兄ちゃんがやっているから僕も！」

そうやって、進路を選んできたことが多い。宝塚ジュニアFCでサッカーを始めたのも、滝川二高へ進んだのも、アニキから充実した日々を送っていると聞かされていたからだった。毎日のように一緒にボールを蹴っていた。サッカーに関してはどちらも負けず嫌いだから、僕が勝てばアニキが「もう1回！」と言ったし、アニキが勝てば僕が「もう1回！」と言って、2人だけのサッカーは日が暮れてもなかなか終わらなかった。

小学生のとき、うちの家族はマンションに住んでいた。そのマンションの入り口の前のスペースが僕らのグラウンドだった。毎日のようにそこで僕らがボールを蹴った結果、マンションの共有スペースにあった植木の枝がことごとく折れてしまった。僕らも叱られたし、うちの両親も苦情を言われたようだ。あれはとても申し訳なかった。

それからは場所を移し、近所の公園や、学校のグラウンドなどで僕たちはサッカーを続けた。アニキが高校生になり、滝川二高の寮に入るまではそんな毎日だった。

今になって面白いなと思うのは、アニキと2人でサッカーをする時間があまりに長かったために、２人ともキーパーのスキルが磨かれたことだ。２人だけでシュート練習をしようとすれば、片方がキーパーをやらないといけない。それゆえ、キーパーとしてのスキルも上がっていった。

そのおかげ（？）か、僕は小学校のときまではキーパーとして試合に出ることもあった。アニキの場合はもっとスゴくて、滝川二高のスポーツ科の入学試験をキーパーとして受験した。そのとき、一度は不合格になるものの、キーパーでなく、「フォワードとしてテストを受け直したい」と思ったアニキは顧問の黒田先生に電話をかけ、再テストを認めてもらった。合計３回のテストを受け、入学を許されたのだ。

アニキが高校３年で僕が１年のときに高校生にとって憧《あこが》れの舞台である高校選手権の国立競技場のピッチの上で２トップを組めたのは今でも良い思い出だし、メディアでもよく取り上げてもらった。ただ、それ以上に、アニキの熱心なところ、努力をする姿勢から学べたことはものすごく意味があったと思う。僕が努力家なのかどうかは他人が決めることだけれど、アニキの影響で、努力をするのは当たり前なことだと思えるようになった。

子どものころからアニキは活発だった。

夏休みなどに父の田舎のある和歌山に帰省すると僕らの差が際立つ。親せきの子たちと一緒に近くの川などへ遊びに行ったとき、アニキは高いところからでも怖がらずに川に飛び込んでいたが、僕は怖くて飛び込めないで泣いていた。似たようなことはいくつもあって、アニキがガードレールに乗って自信満々で歩いているのに、僕は怖くてそれを見守るだけ……と思ったら、アニキがそこから転落して頭を強打。血だらけになって、救急車で運ばれたこともあった。付き添いの家族として、人生で初めて救急車に乗ったことを覚えている。

ただ、これは大人になってから知ったのだが、アニキは母にこう話していたそうだ。

「オレがサッカーを始めたらシンジも始めたし、オレが滝二に入ったらシンジもマネして入ってきた。しんどかったわ」

当時の僕はそんなことを知る由もないから、アニキへの感謝と申し訳ない気持ちが今入り混じっている。

アニキは高校を卒業後も大学でサッカーを続け、プロサッカー選手になりたいと思い続け、24歳でパラグアイのクラブにテスト生として受け入れられた。プロにはなれなかったが、今は日本に帰ってきて、サッカーやフットサルのイベント、スクールなどの企画・運営を取り仕切っている。

「僕はサッカーが大好きなんです」

僕はそう言い続けてきたし、今でもその気持ちに変わりはない。

ただ、サッカーを愛する気持ちはこの人には勝てないかもしれない。そう思える唯一の存在が、アニキ。この先もどこかでアニキの背中が僕の道しるべになると思う。

嫁

結婚前。2回目のデートで、僕はオナラをしてしまった。

ドン引きされてもおかしくない。気まずい雰囲気になってもおかしくない。でも、嫁は笑いとばしてくれた。心が広いからなのかもしれないし、そのときは彼女も緊張していたからなのかもしれない。でも、彼女といると、いつでも自然体でいられる。だから、うちは夫婦円満でいられるのかもしれない。

僕はズボラなほうだ。それでも、嫁を喜ばせるためにはけっこう色んなことをやってきた（つもり）。

日本代表の合宿中に嫁の誕生日が来れば、一緒にお祝いすることは出来ない。それならばと思い、知り合いに頼んでバラの花束を誕生日当日に我が家に届けてもらったこともある。他にも、結婚記念日にはケーキを贈った。

ケーキも花も知り合いを通して買ったもので、請求書を送ってもらってから代金を払うことになっていた。でも、支払いのことをすっかり忘れていて、しばらくしてから問い合わせの電話が我が家にかかってきた。その電話をとった嫁は、すぐにお金を払いに行ってくれたらしい。カッコ悪い……。


もうひとつ、嫁と結婚して良かったなと思うのは、僕に2人目の母が出来たことだ。お義母さんは子どもを専門にした病院で働いているので、うちの子たちが病気にかかったり、ケガをしたりしたときに本当に頼りになる。

1人目の息子が、10カ月のときに椅子から転げ落ちてしまったことがある。しかも、アタマから。すごく大きなたんこぶが出来て、僕も嫁も真っ青になった。

「あぁ、それなら大丈夫よ」

気が動転した僕らの電話を受けたお義母さんはそう言って、僕らを落ち着かせてくれてから、病院を紹介してくれた。サッカー選手はいわゆる出張が多く、いつも家にいられるわけではない。僕が家にいなくて、嫁が2人目の子どもを妊娠しているときなど、長男を健康診断にお義母さんが連れて行ってくれたこともある。嫁は静岡の出身なので、エスパルス時代には特にお世話になった。遠く離れた兵庫にも、近くの静岡にも母がいるというのは、子どもが出来たばかりで頼りない父親だった僕には、本当に心強かった。

海外に赴任になった夫についていきながら、現地の環境に慣れない奥さんも少なくないという。うちの嫁も例外ではない。それでも僕が仕事に集中出来るのは嫁が「ドイツに慣れよう」と努力してくれているからだ。2013年の年末にもそれを実感した。寒さの厳しいドイツでは、冬休みでリーグ戦が中断する期間がある。例年ならば日本に帰っていたのだが、このときは日本に帰らずにヨーロッパに残った。

「子どもたちのこともあるし、日本に帰るまでの移動が大変でしょ？」

そんな嫁の意見が、優先されることになったのだ（僕はちょっぴり、日本に帰りたいと思っていた）。日本に帰るかわりに、近場のパリ、フィレンツェやローマなどのフランスやイタリアの街に家族旅行へ。1週間以上の旅行は、子どもたちが生まれてから初めてだった。

パリでは作家の辻仁成さんとお会いして色々なことを教えてもらったし、嫁は辻さんの奥さんの中山美穂さんとお話が出来たのが嬉しかったようで、ホテルに戻ってからも興奮しっぱなしだった。イタリアでは宝塚ジュニアFC時代のチームメイトで、イタリアでプロのフットサル選手になり、日本代表にもなったことのある吉田輝《あきら》にお世話になった。輝は僕とは違ってテクニックのある選手だったので、彼から学んだことは多いし、今回も刺激を受けた。それに彼に案内してもらいながらフィレンツェでもローマでもたくさんの観光スポットを回ることが出来て、嫁も楽しんでくれていた（はず）。

ブラジルワールドカップを控えた2014年の始まりにヨーロッパに残っていたおかげで時差ぼけなどに苦しむことなく、良い状態で2014年のシーズンを迎えられたのも収穫。年明けから再開したチームの練習でも良い調子をキープ出来た。2014年の最初の試合となった古巣シュツットガルトとの試合ではゴールを決められたし。そして何より、嫁が海外での生活に少しずつ馴染んでくれていることが本当に嬉しい。僕がサッカーに全力で向き合うことが出来るのは、嫁がいるからなのだ。

この人と逢《あ》えて良かった。

面と向かって言ったことはないけれど、心からそう思っている。

2人の息子たち

『だんご3兄弟』という歌が、かつて流行《はや》った。あれを参考にすると、我が家はサムライ3

兄弟というのがふさわしいかもしれない。

普段の僕は、2人の息子たち（5歳と3歳）の兄のようにふるまっている。まぁ、僕があまりに幼いので、「うちには子どもが3人いる」と嫁から言われたということもあるのだが(笑)。

「お菓子、買って！」

どんな人でも、子どものころに親におねだりをした経験はあるだろう。うちの子だって、同じようなものだ。ドイツでは日本の『コアラのマーチ』に似たお菓子を売っている。しかも、おまけ付きだ。そのおまけに犬のような、コアラのような生き物を模したプラスチックの小さな人形がついてきたことがあった。

「パルちゃんだ！」

長男が興奮して、そのおまけを僕に見せに来たことがある。「パルちゃん」というのは、清水エスパルスのマスコット。人間のような手足が生えている。長男はエスパルスの試合を観戦したこともあるので、パルちゃんがお気に入りだった。その興奮ぶりからも明らかなように、うちの子も例にもれず、お菓子が、しかもおまけのついているヤツが大好きだ。だから、しつこくおねだりをしてくることがある。

子どもなんだから、ワガママを言うのは当たり前だ。ある程度までは認めてあげる。でも、親としては、いつまでもワガママに付き合うわけにもいかない。例えば、子どもたちがワガママを言い出したとき――。

「じゃ、お菓子を買うかわりにお父さんがあなたのオモチャをもらうけどいい？」

そんな風に聞くようにしている。ワガママを押し通すか、我慢をするのか。彼らに考えさせる。「お父さんがオモチャをもらう」というのが僕なりのポイント。兄弟の間で、オモチャの取り合いをすることはよくある。たいていの場合、勝つのは上の子。それでは、長男は自分勝手な人間になってしまうのではないか。それでは良くないと思い、僕が彼の兄のようにふるまうことにしている。これは意外と効果があるようで、子どもなりにあれこれと考えている。もちろん、それでも言うことを聞かないことがあれば、彼らとケンカすることもある。〝口ゲンカ〟だけれど。

僕の子ども時代、兄の嵩弘とは、叩《たた》かれるのが怖くてほとんどケンカをした記憶がないけれど、うちの子たちとはよくケンカをする。特に、長男とはしょっちゅうケンカをしている気がするなぁ。

もちろん、我が家では「長男」の僕が謝るときもある。一番多いのは、嫁が怒ったときかな。自分に非がある場合には、全身全霊で謝る。あえて子どもたちにその姿を見せることで、何かを感じて欲しいなと思っている。

今考えているのは、次男とどう接するかだ。

前にも書いたけど、僕は兄と比べると臆病《おくびょう》な子どもだった。うちの次男にも僕と似たようなところがある。上の子が公園で積極的に遊ぶのに対して、下の子は怖がっていることが少なくない。例えば、滑り台。普通の子が喜んで滑り台で遊べる3歳くらいになっても、次男は怖いみたいでなかなか滑ろうとしない。自分に似ているなぁと思いつつ、この子が積極的になるにはどうしたらいいのかなと考える。

彼らは本格的にサッカーを始めているわけではない。それでも嬉しいのは、まだサッカーのことがよくわからない子どもたちでも、僕がゴールを決めたことはわかるようになってきたことだ。

「サッカーするっ！」

僕がゴールを決めた試合を見ると、うちの子たちはいきなりサッカーボールを蹴り始める。そんなとき、プロのサッカー選手になれて良かったな、としみじみ思う。彼らがサッカーをやりたいと思うかどうかはわからないけど、やってくれたらそれはそれで嬉しい。

〝兄〟として、ひとつだけ嫉妬することがあるとすれば、語学力だろうか。彼らは日本人学校ではなく、現地校に通わせている。そのおかげで、ドイツ語を覚えるスピードがとても速い。

「オレよりドイツ語しゃべれるんちゃうか？」

シュツットガルト時代からドイツ語の勉強を続けている「兄」を彼らは軽々と超えていきそうなのだ。昔から勉強は苦手だったしなぁ。

叱ってみたり、ケンカしたり、嫉妬したり。うちの子たちと接しながら、感じることは多い。幼い彼らにどうしたら自分の思っていることを伝えられるか。それを考えるのは、マインツのチームメイトと、決して得意ではないドイツ語を使ってコミュニケーションを図るのに似ているのかな。ときおり、そんなことを感じながら、彼らと遊んでいる。

兵庫への恩返し

故郷に恩返しがしたい。ひそかに思い続けてきた気持ちを、ようやく形に出来そうな気配がある。

僕の住んだ宝塚や三田の街。そして滝川二高のある神戸市。僕は兵庫県に育ててもらった人間。だから、2011年1月のアジアカップで優勝したあとに神戸市からスポーツ特別賞をいただいたときには本当に嬉しかった。同時に、あのころから地元に恩返しをしたいという思いは強くなってきた気がする。

僕がここ数年、進めているプロジェクトもサッカーと関係がある。

ドイツでは、サッカーだけではなく、さまざまなスポーツの出来る地域総合型のスポーツクラブが存在する。ブンデスリーガの多くのクラブもサッカーだけではなく、体操など、他のスポーツチームを持っているところが多い。日本のJリーグは、そんなドイツの総合型スポーツクラブをモデルにして、立ち上げられたそうだ。僕が今住んでいるのも、ドイツ。不思議な縁を感じる。

「いつか、地域総合型スポーツクラブを作りたい」

それが僕の野望だ。でも、アラブの大富豪のように何百億円もの大金を持っているわけではない（笑）。だから、実現するのはずいぶんと先の話かもしれないけれど、その第一歩として2014年の夏から秋にかけて、サッカースクールを開校しようと動いている。

この本でも書いてきたように、田尻さん、黒田先生、山村さん、荒川さんなど、普通のサッカー少年に過ぎなかった僕がここまで来られたのは、そうした素晴らしい指導者と巡り合えたからだ。ときに厳しく、ときに優しく、指導者のみなさんがかけてくれた言葉は、僕を育ててくれた。

現役のプロサッカー選手である以上、僕が指導出来る時間は限られているけれど、少しでも時間を作って、僕も兵庫の子どもたちの背中を押したいと思っている。

このプロジェクトを中心となって手伝ってくれているのが、滝川二高時代のサッカー部の同級生、岡良一だ。ケガが多く、1、2年のときはなかなかレギュラーになれなかったが、3年時の最後の選手権ではスタメンで試合に出ることが出来た。僕は「オカ！」と呼ばれることも多く、紛らわしいときもあるのだけど（笑）、彼も地元愛が強く、とても頼りにしている。

僕はこれまでも、古巣である宝塚ジュニアFCに顔を出して臨時のコーチを務めさせてもらったことがある。あるいは、企業に協力してもらって、オフシーズンに1日限定のサッカースクールを開催させてもらったこともある。

慣れないながら子どもたちを教えていると、純粋な気持ちでサッカーをしていたころを思い出させてもらったり、彼らの貪欲に学ぼうとする姿勢に驚かされたりすることばかり。逆に、僕のほうが学ばせてもらったことも少なくなかった。

僕はサッカースクールを通じて、子どもたちの成長を全力でサポートしたい。同時に、そこでの指導を通して、僕たちも勉強させてもらう。そんな関係が作れたらいいなと思っている。

心に残る6つの言葉

「頑張ったことではなく、何を頑張るかが大切なんだ」杉本龍勇

ガムシャラに頑張るといえば、聞こえが良いかもしれないけれど、それだけではダメだと龍勇《たつお》さんは教えてくれた。

僕の足が遅かった理由のひとつは、走り方にあった。それまでのドタバタした走り方ではなく、カモシカのように跳ねるように走ることを心がけるようにした。その上で、トレーニングに全力を尽くすようになった。闇雲《やみくも》にダッシュを繰り返していただけの高校時代とは大違いだ。

おかげで、それまで以上にディフェンスラインの裏へ飛び出し、ゴールを決められるようになった。目的を考えた上で、ガムシャラになる。それが大切なのだ。

「たかがサッカー、されどサッカー」荒川友康

かめばかむほど、味が出てくる言葉だ。

「オマエはダイヤの原石だ」「将来は日本代表になれるぞ」など、いくつもの忘れられない言葉をかけてくれた荒川さん。でも、「たかがサッカー、されどサッカー」という言葉を聞いた当時は、ピンと来なかった。

この言葉の意味を理解出来たのは、荒川さんがコーチを務めていた滝川二高を卒業したずいぶんあとだった。高校からプロ入りした選手は3年間はクラブの寮に入るように義務づけられていた。

「この3年間で、オレのサッカー人生が決まる。結果を残して、寮から堂々と出たい」

そう思うと、強烈なプレッシャーが襲ってきたし、怖かった。でも、いつまでも悩んでばかりはいられない。そんなときに思い出したのが、荒川さんの言葉だった。

僕はサッカーを愛している。サッカーのない生活なんて考えられない。でも、サッカーが出来なくなっても死ぬわけではない。それに、プロサッカー選手をやめなければいけない日

が来たとしても、草サッカーなら出来るじゃないか！

そう思い、プレッシャーを克服しようとしたときに、荒川さんの言葉をようやく理解出来たし、勇気がわいてきた。

「全力でサッカーに取り組んで、それでクビになったら仕方がないじゃないか」と。

そうやって開き直れたことが良かったのか、28歳になった今も現役を続けられている。

「自分より身体能力に優れた世界のフォワードを、どうすれば止められるかを常に考えてきた」森岡隆三

森岡さんの言葉は、年を追うごとに僕のなかで大きな意味を持つようになっている。

欧米やアフリカ出身の選手と比べて、日本人は肉体的なハンディがある。ブラジルワールドカップで対戦するコートジボワール代表のメンバーも、強靭《きょうじん》な肉体を武器に立ち塞《ふさ》がるだろう。

では、それをいかにして克服するか。

答えは、アタマを使って考え、工夫する以外にないと思う。日本代表やドイツで、自分よ

りも体格に勝る選手とカラダをぶつけ合うことも多くなった。だからこそ、彼らに負けないためにはどうすればいいのか。森岡さんの言葉を思い出して、毎日のように考えている。

「グチを言ってもいい。ただ、グラウンドのなかでは100％を出しつくせ」佐藤由紀彦

頑張っているのに、なかなか評価されずにもどかしく思うことは少なくない。期待されず、みんなのなかで最も下手クソな選手であったプロ入り直後の僕でさえ、同期入団の仲間たちが次々とデビューしていくのを見て、心中穏やかではいられなかった。そんなとき、ユキさんの言葉は2つのことを教えてくれた。

1、グチをこぼしてもいい。それがストレス発散になるのなら。

2、そのかわり、（仕事場である）グラウンドのなかでは文句を言わずに、やるべきことをやらないといけない。

ユキさんの言葉で肩の力が抜けた一方で、グラウンドに入れば言い訳せずに全力でやらないといけないと気持ちを新たにさせてもらった。

「惜しかったシーンを思い出せ」西野泰正

僕がプロになってから初めて先発したのが、プロ入りしたシーズンの最後の試合となった2006年の元日の天皇杯決勝戦。相手は浦和レッズ。

サッカーを始めてから大きな大会での優勝に縁のなかった自分が、人生で初めて大きなタイトルを手にすることが出来るかもしれないチャンスだった。しかし、チームは敗れ、僕もゴールを決められなかった。東京から静岡に帰る新幹線のなかで、ひどく落ち込んだのを覚えている。

そんな僕を見かねて声をかけてくれたのが西野さんだった。

「オマエが悪いプレーをしていたとは思わないよ。惜しいシーンはいくつもあった」

そのあと、西野さんはこう続けた。

「あと一歩で上手くいったというようなシーン。それを何度でも振り返るといい。そして、同じような場面で上手く出来るようになったとき、それは自信に変わる」

あの日、落胆していた僕は、あの言葉によって救われた。そして、この教えは今でもしっかり守っている。

「3年間は待ってもらえる。この期間で土台を作るんだ」山西尊裕

名波浩さんや福西崇史さんと同期入団で、ジュビロ磐田の黄金期を支えた山西さんは、僕がプロ入りしたのと同じ年にエスパルスへ移籍してきた。

当時の僕は簡単に試合に出られるはずもない。いつ試合に出られるのか、見当もつかなかった。そんな僕に対して、山西さんはこう話してくれた。

「高卒の若手なら、真面目にやっていれば3年間は面倒を見てもらえる。だから、試合に出られるのか、出られないのかにとらわれていてはダメだ。この3年間でプロサッカー選手としてやっていくための土台を作るんだ。それさえ出来れば、たとえエスパルスをやめることになっても、サッカー選手として食べていけるはずだよ」

山西さんの言葉を聞いて、目先のことだけではなく、自分の将来のことを考えて、毎日の練習に取り組めるようになった。

6章
ドイツで学んだこと

監督を信頼しすぎてはいけない

「どうしてゴールをとれるんですか？」

スピードがない。テクニックがない。身長が高いわけでもない。そんな僕がゴールを決めるのを不思議に思う人は少なくないみたいで、そう聞かれることがけっこうある。

もちろん、困ってしまう。答えがないからだ。ゴールを決めるための法則があれば、僕にもそれを教えて欲しい。

ただ、そんな質問を受けたとき、僕はこんな風に答えることが多い。

「監督に信頼されているからだと思います」

信頼されて初めて、チャンスを与えられる。先発で使ってもらえるのか、途中から出るのか。試合終了までピッチに立たせてもらえるのか。すべてを決めるのは監督だ。

でも、選手は監督を信頼しすぎてはいけない。

僕がシュツットガルトにやってきたのはシーズン半ば過ぎの２０１１年の２月。チームは２部降格の危機に立たされていた。シュツットガルトは２００７年にリーグ優勝しているし、チャンピオンズリーグにも何度も出場している。そんなチームが降格するとなれば、大事件だ。このような危機感がうずまいているチームに、僕は飛び込んでいった。

当時のチームは、守備がボロボロ。1試合あたり、平均して2・4点も奪われていた。(ちなみに2012－13年シーズンのリーグ覇者バイエルン・ミュンヘンは、34試合で計18失点で、1試合平均0・53点だった)

僕は左サイドのミッドフィルダーとして使われることがほとんどだったけれど、ゴールを狙う以外にも、チームのために守備に汗を流していた。自分たちのパスミスから相手にボールを奪われて失点することがないよう、丁寧《ていねい》なパスを心がけていた。ある試合では、先発してから後半38分に交代するまで、敵に1本も奪われず、すべてのパスを成功させるという珍しい記録を作ったこともある。

結局、初めてスタメンに入ってから行なわれたリーグ戦の14試合すべてに先発して、最後の2試合で1点ずつゴールを決めた。そのうちのひとつは、チームの1部残留を決定づけるゴールだった。

チームの首脳陣はもちろん、ラバディア監督からほめてもらったのを覚えている。

「よくやった！　オマエのプレーには心から満足しているぞ」

ようやくチームの一員になれた気がして嬉しかった。

しかし、翌シーズンから少しずつ様子が変わっていく。特に疑問を持つようになったのは、僕にとってシュツットガルトでの3シーズン目、つまり、あのチームでの最後のシーズンだ。

このシーズンもチームの調子は上がらず、チームの歯車もなかなかかみ合わなかった。簡単に失点するなど、守備はガタガタ。運に恵まれて勝てた試合も少なくない。

最初のシーズンに監督からかけてもらった言葉がアタマにあった僕は、チームが苦しいときこそ、守備でも頑張らなきゃいけないと感じていた。

「僕はストライカーです！」

そう言い続けてきた僕も、守備に追われて、「オレはディフェンダーみたいだな」と思うときもあった。それでも、チームのためになるなら……。その一心でやっていた。実際、最初のシーズンでも、僕は守備でカラダを張ることが少なくなかったわけだし、監督からもその部分で評価されていたのだから。

ところが、監督からはこう言われた。

「オマエは最初のシーズンが一番良かったな」

ショックだった。

「オレがチームのためにやっていることってなんの意味があるんだろうか?」

最初のシーズンと、最後のシーズンを比べて、僕のプレーがそこまで大きく変わったとは思わない。ただ、チームのメンバーは変わったし、みんなのアタマのなかにあるイメージが美化されている部分もあるだろう。

監督が悪いのではないと思う。ストライカーについての考え方について書いたときにも触れたけど、僕が役割を勘違いしていた部分があった。


僕が学んだのは、監督を信じることは大事だけど、信頼しすぎてはいけないということだ。

「信頼しすぎるな!」

その言葉だけを取り出せば、誤解が生まれるかもしれない。オカザキは好き勝手にやる選手だと。そうじゃない。言いたいのはこういうこと。

〝評価してくれる他人の言葉に安住してはいけないんだ〟

もちろん、指示を守るのは大事。監督の話に耳をかたむけるのも当然だ。

でも、それにとらわれすぎてはいけない。サッカーは攻撃と守備がわかれているスポーツではない。攻撃をしようとしたらボールを奪われて、守備に回ることはよくあるし、その逆もまたしかり。攻撃も守備も一体になったスポーツなのだ。

だからこそ、選手は監督を信じて、ちゃんと指示を守る一方で、そこにしばられすぎない必要がある。僕は監督を意識しすぎて、心技体が上手く回らなくなり、調子を落としてしまった気がする。

気分転換が難しかった

ドイツでプレーしていると、気晴らしがなかなか出来ない。ここでの生活は、主に3つのことで成り立っている。

1、サッカー　2、ご飯　3、家族

日本にいれば、いつだって快適だ。知り合いや友だちとご飯を食べに行くチャンスはたくさんある。チームメイトもそうだし、高校時代のサッカー部の仲間もそうだし、サッカーについてよく知らない友人もそうだ。ご飯を食べながら他愛もない話をしていると、あっという間に時間は過ぎる。テレビを見れば時間を忘れられるし、ちょっと車を走らせれば温泉でのんびりすることも出来た。

ドイツに来て、特に苦しかったのは、２０１３年の春ごろ。シュツットガルトでの最後のシーズンが、終盤にさしかかったころだ。

僕は基本的に、家でサッカーの話はしない。でも、あの時期だけは別だった。チームが上手く機能していないことに対するグチ、自分が思い描いているプレーが出来ないことに対する不満を、けっこう嫁にぶちまけていたと思う。また、マネジャーがドイツに来たときに、日ごろのうっぷんを晴らすかのように話しまくったこともある。

「あれ、こんなにストレスが溜《た》まっていたんだ!?」

自分でも驚くくらいに、まくしたててしまったことをよく覚えている。でも、言うとスッキリして気持ちいいんだよなー。

ただ、最近はドイツでも上手に気分転換出来る。子どもと一緒に動物園に行ったり、マインツ近くの都市フランクフルトのカフェでまったりケーキを食べる楽しみも覚えた。

２０１４年の1月からはマインツに韓国代表のク・ジャチョルがやってきた。彼が「日本語を習いたい」と言ったのをきっかけに、僕は日本語の先生になった。最近は日本語を教えるのも楽しくて仕方がない。

サッカーのことだけ考えていたら、煮詰まってしまう。毎日、仕事に追われているということだから。日本とは違って、気分転換がなかなか出来ないドイツにいるからこそ、日常のさりげないことに楽しみを探していく。最近はそうやってバランスをとれるようになった気がする。

芯の部分は変えるべきではなかった

ドイツに来てから、悔やんでいることがある。自分のポリシーに反する生き方をしてしまった時期があるから。

2011年2月にシュツットガルトへ移籍してからも、それまでの僕がそうだったように、苦しいときでも笑うように心がけていた。でも、笑ってばかりもいられないなと思っていた時期がある。

チームメイトとランチを食べに行ったレストランでのこと。何やら、聞いたことのないドイツ語を教えられた。

「シンジ、店員が来たら言ってみな」

言われるがまま、女性の店員が来たときにその言葉を話してみた。すると、ウェイトレスも、チームメイトも大爆笑。どうやら、その言葉はかなりハードな下ネタだったらしい。

「海外では下ネタを習い、口にすることで、チームメイトと仲良くなれる」

下ネタは、盛り上がる。プロのサッカー選手といっても、グラウンドを離れれば10代や20代の男たちばかり。それは僕もわかっていた。

だけど……。

その次の日に、同じレストランに行ったとき、また同じ下ネタを言うように促された。1回目なら、みんなで笑えるけど、何回も繰り返すとそうもいかないはずなのに。

「シンジ、ほら、言ってみろよ」

その次に行ったときにも、また同じことが繰り返された。何度も言わされているうちに、バカにされているんじゃないかなと思うようになった。


そんななかで、僕はシュツットガルトでの最後のシーズンを迎えた。もがき苦しんだシーズンだったことはすでに書いてきたけど、思うような結果が残せず、自分のプレーは評価されず、途中からしか試合に出られない状況が続くなかで、僕はこう考えるようになった。

「怒りを前面に出してもいいんじゃないかな？」

ドイツ人は、試合でも、練習でも感情を爆発させる。練習中につかみ合いのケンカになることもよくある。

ヨーロッパでサッカー選手として生きていくためには、オレもヨーロッパ仕様に変えていくべきなんじゃないか？　そう考えるようになって、僕は闘志を前面に押し出したり、チームメイトに対してラフにスライディングしたり。そんなガラにもないキャラクターを演じてみた。

まさに、そんな時期だった。リーグ戦が始まってから間もない２０１２年の９月の試合中に相手のスライディングで左足の親指を痛めてしまい、１カ月ほど試合に出られなくなった。

スライディングが親指を直撃した瞬間に、後悔が襲ってきた。

「これは自分への警告なんだ」

平常心でプレーしていれば良かったのに、それが出来なかった。周りの選手のことを考えられなくなってしまっている自分が情けなくなった。余計なことを考えているから、ケガを招いたんだと。

「情けないな」と自宅のソファーでボーッと考えていたときに、19歳のころの苦い恋の思い出が脳裏に浮かんだ。

プロになって、付き合うことになったガールフレンドに僕は夢中になった。しかも、とてもキレイな子だった。「こんなキレイな子が僕と付き合ってくれるんだ！」という夢みたいな状況に興奮して、僕はのめり込んでしまった。

デートに行けば買い物袋だけでなく、その子のカバンまで強引に持とうとした。誕生日、クリスマス、ヴァレンタインデーの逆チョコ、ホワイトデー、付き合って1カ月の記念日、2カ月の記念日、3カ月の………。プレゼント攻勢もしかけた。しかし、その恋はあっけなく終わりを告げた。僕が僕ではなくなっていたから。サッカーに支障が出そうなくらい、疲れはててしまったのだ。

それと似ているのかもしれない。

海外に来たら、現地のやり方に合わせないといけないのは当然だ。でも、自分の信念を崩してまで、根本となる人間性を変えてまで、日本人としての良さを捨ててまで、適応しようとする必要はなかった。

ドイツに来て4年目を迎えた今、ようやくそう思えるようになった。

それにしても19歳のころのオレって相当キモかったな。

移籍は恥ずかしくない

逃げたわけじゃない。胸を張って、次のステップに進もうと思えた。

２０１３年6月、シュツットガルトからマインツへ移籍することになった。

マインツへ移籍出来たのは、僕の代理人・ロベルト佃さんの尽力が大きかった。シュツットガルトから出たほうが良いと判断した上で、僕の選手としての価値をマインツにもしっかりプレゼンしてくれた。結果、マインツの首脳陣が関心を持ってくれた。細かい経緯までは詳しくは明かせないけれど、あのときほどロベさんの存在の大きさを感じたことはない。

マインツに行きたいなとひそかに思っていたのは、リーグ戦で対戦していたときに、ポジティブな印象があったから。ボールを持った選手に対して、適切な距離をとって味方がサポートする。チームとしてよくまとまっていた。

もちろん、将来のドイツ代表監督の候補の一人に挙げられるトゥヘル監督が、選手たちをそうやって束ねているのも知っていた。

「シュツットガルトで上手くいかなかったんだから、移籍したんでしょ？」

そんな風に言われても、真っ向から反論出来るわけではない。

でも、マインツへ移籍することが出来て良かった。断言出来る。だって、今の僕はサッカーをやる幸せを毎日のようにかみしめているから。

もちろん、シュツットガルトを離れるときに葛藤がなかったわけではない。

「同僚に負けを認めることになるんじゃないのか？」

「自分はこのチームで全力を出しきったのだろうか？」

では、どうしてシュツットガルトを離れたほうが良いと考えたのか。

何度も迷ったし、自分に問いかけた。その上で、移籍したいと思ったきっかけはいくつかあったけれど、腹をくくった試合がある。

2013年の5月4日、ホームで行なわれたグロイター・フュルト戦だ。

この半年前に行なわれたフュルトとのアウェーゲームで、僕は決勝ゴールを決めている。決勝ゴールだけではなく、あの試合で僕が走った距離、相手選手と競り合った際の勝率、パスの成功率など、さまざまなデータをドイツメディアからも高く評価してもらい、それは自信にもなっていた。

そんなフュルトとの再戦に僕は燃えていた。相性が良かったからではない。この試合はリーグ戦の最後の試合から数えて3試合目だった。ここで頑張って、最後にレギュラーポジションを奪ってシーズンを終えられるかどうか。ポジションをつかみとって終わるのと、つかめないまま終わるのとでは大きな違いがある。

だから、僕は意気込んでいた。

実際、5月のあの試合で僕は良いプレーが出来たという手ごたえもあった。スコアレスのまま迎えたハーフタイムにはコーチから、こう言われていた。

「前半は最高のプレーだったぞ！　今日のオカザキはゴールを決めそうな気がする」

僕はもう一度、自分を奮い立たせて、後半に向かった。

しかし、後半22分に僕は交代を命じられた。パスミスをした直後のことだった。ピッチから出て、ベンチに戻る。このときばかりは、監督のほうを見ることが出来なかった。チームも0－2で敗れた。

数日後、ラバディア監督に呼ばれた。

「何か悩んでいることでもあるのか？」

ドイツでは自分の起用法などに疑問を持てば、監督と面と向かって話をする。それが普通だ。だから、僕もごく自然に監督にたずねた。

「あの試合で交代させられた理由はどこにあったんですか？」

返ってきた答えはこうだ。

「2回か3回、ミスをしただろう？　だからだよ。そんなに気にせず、次の試合でも頑張ってくれ！」

このとき、僕は悟った。誰が悪いとかいう問題ではない。あえて言うなら、僕が悪い。すべてを決めるのは監督だから。

ただ、目指しているものに違いがあると感じてしまったのだ。僕はチームのバランスを考えた上で、プレーをしようと心がけていた。慣れないプレーであっても、自分の得意としないプレーであっても、それがチームを助けると考えていたからだ。

一方で、監督は、僕のポジションで出る選手に、違うものを求めていた。

「これ以上、ウジウジと悩んでいても仕方がないかもしれないな」

そこで改めて、想像してみた。シュツットガルトに残ったらどうなるか。

「きつい」

結論は、すぐに出た。

そう思って移籍を模索し始めた。もちろん、自分を欲しいと思うチームが現れなければ、それはかなわないわけだったが。

それでも、ドイツでのシーズンが終わったあとにマインツが手を挙げてくれた。その最大の理由は、トゥヘル監督がもともと僕のプレーに興味を持っていてくれたからだという。トゥヘル監督は対戦チームの特長をこまかく研究するタイプだ。シュツットガルトの試合も映像でしっかりと研究しており、そこで僕のプレーが目にとまったという。シュットガルトでの最後のシーズンはリーグ戦でわずかに1ゴールしか決めていないのに、見てくれている人がいたのだ。

マインツに来て間もないころ、僕が上手くプレー出来ていなかった時期に、トゥヘル監督が僕に興味を持つきっかけとなったシュットガルト時代の映像を見せられた。

「オマエには、この時のようなプレーをしてもらいたいんだ」

映像と合わせて説明を受けた。とてもわかりやすかったし、嬉しかった。


さらに、コンフェデで僕が2得点したこともプラスに働いた。もちろん、僕は日本代表を就職活動の場だと捉えたことなんて、一度もない。むしろ、そんな気持ちが少しでもあれば、僕のことだから余計なことがアタマをよぎり、コンフェデで思うような結果を残せていなかったはず。日本代表のために捧《ささ》げたプレーが、結果的に、評価を少しばかり押し上げてくれたのは幸運だった。

これはあとから知ったことだが、あの大会をテレビで見ながらトゥヘル監督は、選手の獲得や放出の責任者であるハイデルGMに何度も何度もメールを送っていたらしい。

「誰か（他のクラブの関係者）がオカザキのプレーを目の当《ま》たりにしたなら、（他のクラブが獲得に乗り出し）うちのクラブに来てくれなくなるぞ！」

契約期間の残っている選手が移籍するためには、獲得したいクラブが、選手の所属するクラブに違約金を払わないといけない。あのときのケースで言えば、シュツットガルトとの契約が残っていた僕を迎え入れるために、マインツは高額の違約金を用意してくれた。決して資金力のあるチームではないマインツにとっては、大きな決断だったと聞いている。

ウッチーの面白い発言がある。

「移籍なんて、クラス替えみたいなもんだから」

彼が所属するシャルケのような強豪チームでは、選手が加わったり、出ていったり、毎年

のように移籍が激しい。そこでレギュラーとして活躍する彼の表現は、ユニークだと思う。

最後にもうひとつ。

２０１４年になって最初のリーグ戦が、古巣シュツットガルトでのアウェーゲームだった。

この試合ではゴールを決めることが出来たのだけど、それ以外に嬉しいことがあった。

試合前、僕をエスパルスから獲得するために日本に3回、さらには２０１１年1月にカタ

ールで行なわれたアジアカップにも足を運んでくれていたボビッチＧＭから時計をプレゼン

トされたのだ。

「アブシート・ゲシェンク」

いわゆる、〝せんべつ〟だった。

試合前の慌ただしい時間にいただいたので、どうして僕にくれたのかは聞けなかった。でも、理由は聞かなくてもわかった。


ヨーロッパに来れば、移籍なんてザラにある。だから、移籍を機に縁が切れるなんてことはほどんどない。どこかで顔を合わせれば、握手をしたり、ハグをしたりする。ただ、せんべつの品を贈ってもらえることは珍しいケースらしい。シュツットガルトを長年取材している記者の人たちも、これには驚いていたそうだ。

だから——。

「なんでシュツットガルトを出たのか？　逃げたんじゃないか？」

と聞かれたとしてもイヤな顔をせずに、今ならこう答えられる。

「あれ以上シュツットガルトに残っていても成長出来ないと思っただけですよ。でも、あそこで過ごした時間があったから、今はマインツで最高の毎日を送れています。シュツットガルトのみんなには感謝の気持ちしかありません」

7章

僕とワールドカップ

根拠のない3ゴール宣言

ワールドカップイヤーの2010年に入ってから、僕はさまざまなメディアに出演させてもらうことが増えた。全国ネットのテレビ放送に始まり、エスパルスの地元・静岡のテレビやラジオ、新聞も全国紙から地元紙まで。そして、サッカー専門誌からスポーツ誌、子育ての雑誌まで。その多くは、2010年6月に開催されるワールドカップがテーマだった。本大会に向けた日本代表の合宿が始まる前の2カ月間は、週に3回くらいはそういう趣旨の取材を受けていたと思う。

「日本代表になって、ワールドカップで優勝する」

小学校の卒業文集に僕はそう書いた。でも、明確なプランがあったからではなくて、マンガ『キャプテン翼』を読んで、なんとなく憧《あこが》れていたから、というのが正直なところだ。有言実行タイプの圭佑や佑都とは、そのあたりがちょっと違う。

当時の取材では、こんな質問をよく受けた。

「オカザキ選手にとってワールドカップとはなんですか？」

「南アフリカでは何ゴールを決めたいですか？」

「チームの目標は？」

さすがの僕も困ってしまった。

もちろん、自分のことを取り上げてくれて嬉しいという気持ちはある。僕がメディアに出れば、自分を育ててくれた清水エスパルスというチームの名前をさらに広められるという使命感もあった。それに、取材には真摯《しんし》に答えようといつも思っていたし、それだけはきちんと守ってきたと自信を持って言える。

困った理由のひとつに、僕はワールドカップについて熱く語れるほど、ワールドカップのことを考えてサッカーをしてきたわけではないということがあった。

もちろん、サッカー選手ならば誰でも願うように、ワールドカップには出たい。けれども、昔からそこに出ることを夢見ていたというわけでは決してない。だから、不安になった。

「オレにワールドカップを語る資格があるんだろうか？　自分以上にこの大会に出たいと強く思っている人はたくさんいるんじゃないか？」

そう思い、どこか申し訳ない気持ちを抱きながら取材を受けていた。

また、自分の目標、チームの目標についても答えるのは難しかった。僕は有言実行で何かに取り組むタイプではない。むしろ、能力が低いという現実をつきつけられ、それを強く意識しながら、ヒーヒー言いながらはい上がってきたタイプだからだ。

とは言っても、何も答えないわけにはいかないわけで……。

「最低3ゴールを決めます」

「ベスト4を目指します」

いつしか、そう答えるようになっていた。そこになんらかの根拠があったわけではない……。でも、大会に出たくて出たくて仕方がない人もいるのに、「出ることが第一目標ではない」なんて口が裂けても言えなかった。

そうやって、取材に答えていくうちに、ストレスが僕のカラダをむしばんでいった。自分が発した言葉は、自分の脳に響く。自分の言葉にメンタルがやられている感覚が少なからずあった。ある晩、口の周りに違和感があって、夜中に目が覚めた。暗闇のなかで唇に触れて驚いた。上唇が、普段の倍くらいの大きさにふくれていたのだ。たらこ唇を想像してもらっていい。

翌朝になっても腫《は》れはひかなくて、エスパルスの練習場にはマスクをして行った。ロッカールームでマスクをとると、みんなが笑った。

「昨日サバを食ったんですよ。あれでカブれちゃったのかなぁ……」

とりあえず、みんなを笑わせられたから悪くはないか。僕は気楽に考えていた。

けれど、それからしょっちゅう唇が腫れるようになってしまった。カラダ中にじんましんが出ることもあった。どちらかの症状が週に1、2回は出る。そんな日が続いていた。病院に行っても、原因が明らかになったわけではない。大会が始まるころにはおさまっていたけれど、あれはストレスだったんじゃないかなと今になって思う。

心の底から思っていない発言を繰り返して、それが自分にとって苦痛になった。プレッシャーになった。そして、それに押しつぶされた。このときを境《さかい》に、思ってもいないことは口にするべきじゃないな、と確信した。

外されてホッとしてしまった

「このチームはもう一度、進化するぞ」

2010年のワールドカップ、日本の初戦となるカメルーン戦まで1週間を切ったころ、当時の岡田監督が選手たちに宣言した。

「誰かがスタメンから外れるんじゃないか?」

チーム内からはそんな声が聞こえてきた。その予想通り、監督はスターティングメンバーを変え、方向転換へと舵を切った。

「あー、オレが外れるんだろうな」

僕はそう思った。そう思ってしまった。

日本代表は、南アフリカに行く直前にスイスでトレーニングキャンプを行なっていた。南アフリカでは標高1400mを超えるような、空気の薄い高地で行なわれる試合が多かったため、その環境に適応する必要があったからだ。

キャンプ中に僕たちは2つの練習試合を行なった。

5月30日のイングランド戦は先制しながらも、1－2で逆転負け。ただ、感触はそれほど悪くなかった。

6月4日には、スイスから南アフリカへ向かう直前の総仕上げとしてコートジボワール戦が行なわれた。この試合では良いところなく0－2で完敗した。

どちらの試合でも1トップのフォワードとしてプレーした僕は、シュートを打つのにも苦労した。特に、コートジボワールとの試合では、アフリカ人特有のカラダのバネ、強さ、スピードに恐怖すら覚えた。

「足音が聞こえてくるだけで、怖いわ……」

冒頭の監督の言葉は、そんな2試合を終え、南アフリカへ着いたばかりのころのものだ。

足音さえ怖いと感じた僕に、もうチャンスはないかなと感じていた。それに、僕は高地への順応が遅れていて、提出を義務づけられていた尿検査の結果もポジティブなものではなかったので、コンディションが万全ではなかったのかもしれない。

6月10日。南アフリカで日本代表が拠点を置いていたジョージで、ジンバブエ代表との練習試合が行なわれた。

本番となるカメルーン戦の4日前に行なわれた最後の練習試合で、いわゆる1トップと呼ばれるポジションで起用されたのは、ずっとトップ下のポジションだった圭佑だった。不安的中。僕はベンチで試合が始まる笛を聞いた。

試合のあとホテルに戻ると、僕の部屋の電話が鳴った。岡田監督からだった。監督に部屋に来て欲しい、と言われたので、部屋へと向かった。

「一体、どうした？」

岡田監督の部屋で向き合うなり、そう言われた。返す言葉が見つからない。

「今、1トップの位置で上手くプレー出来ていないのはわかるぞ。悩んでいることもあるのだろう。それもわかる」

僕が思いきり良くプレー出来ていないのは、監督の目にもはっきりと映っていたようだ。

「ただ、オレはオマエの良さを活かしたい。例えば、プレッシャーの少ないサイドのポジションで、相手が疲れている試合の途中からなら、オマエの特長は活きると思っている」

僕らが泊まっていた5つ星のゴルフリゾートホテルは夜になると、とても静かだった。監督の声以外には何も聞こえない。僕は少し上を向いて、こぼれ落ちそうになるものを抑えるのに必死だった。

先発はない。それを察知して、悔しかったのはもちろんだ。ただ、別の思いもあった。ホッとしたのだ。ホッとしてしまった、という表現のほうがふさわしいのかもしれない。取材などで思ってもいない目標を口にして苦しんでいた。そんな状態で直前の練習試合を戦い、良いプレーが出来なかった。気持ちは落ちていくばかりだったから。

「オレ、チームの役に立てるんだろうか？」

そう思ってボールを蹴る毎日だったから、苦しくて、大好きなサッカーも全く楽しめていなかった。だから、岡田監督からスタメンで使う可能性が低いとにおわされたとき、救われたという気持ちがなかったと言えば嘘《うそ》になる。恥ずかしいけれど、それがあのときの正直な気持ちだった。

もちろん、サイドでなら僕がチームに貢献出来るとヒントを与えてくれたからこそ、途中出場でもチームのために戦おうと思えたのは事実だけれど……。

ただ、そんな僕は似たような立場に置かれた選手たちに救われた（救われたというのも失礼と言えば失礼なんだけど)。

例えば、ウッチー。

岡田監督のもとで19歳で日本代表にデビューした右サイドバックの選手だ。彼はアジア予選でレギュラーとして活躍していたのに、直前になって、チーム戦術が変更になり、スタメンから外れた。

練習が終わり、ホテルに戻るとウッチーが僕の部屋に来ることが多かった。猫のように、ふらっと現れ、ゴロニャンと部屋に居着いた。2人で一緒にゲームをしたり、DVDで映画を見たりした。映画はなぜか恋愛映画が多かったかな。サッカーの話をせずに、ただボーッとしていた気がする。でも、それで良かった。ホテルの部屋で1人で考え込んでいると、気持ちが落ちていくばかりだったから。

グラウンドに出ると、俊さんから勇気をもらった。

2006年のワールドカップが終わってから、代表でのプレッシャーも批判も背負い、チームを支えてきたのが俊さんだったことに異を唱える人はいないだろう。でも、俊さんもスタメンで出られなくなっていた。2008年の終わりに代表に入った僕とは、背負ってきた時間と重みが違う。思うところも色々あったはず。にもかかわらず、チームの練習が終わるといつも僕を居残り練習に誘ってくれた。

「この時間を大切しなきゃいけないんだ」

「たかが1本かもしれないけど、このシュート練習があとで活きてくるんだ」

そうやって声をかけてもらいながら、必死でボールを蹴っていた。

「そろそろ切り上げるよ！」

スタッフから促されるまで、僕らはグラウンドにいた。

サッカーでの苦しみを忘れるにはボールを蹴るのが一番。僕は自分のことで精一杯だったのに、俊さんは先輩として僕のことまで気づかってくれた。シーズンオフになって俊さんと食事をしながらゆっくり話をする機会を作ってもらうのは、アドバイスをもらいたいのはもちろんだけど、あのときの優しさをカラダが覚えていて、欲しているからなのかもしれない。まるで赤ちゃんが母親の胸で眠りたいと思うように。

落ち込み、自分の小ささをつきつけられ、でも、どこかで救われる。そんななかで、僕にとって初めてのワールドカップは始まっていったのだ。

ゴールは、嫁とのツインシュート

僕にとっては悔いの残るワールドカップになることが大会前から決まっていたけれど、そのなかでひとつだけ喜べたことがあった。

グループリーグの3試合目。決勝トーナメント進出のかかったデンマークとの試合で決めたゴールだ。2－0でリードしていた日本が1点を返された6分後。後半42分に圭佑が相手をかわして、ゴール前でフリーになった僕にパスを出した。僕は倒れそうになりながら、左足でゴールに流し込んだのだ。

素直に嬉しかった。

チームのために何も貢献できずに帰るのはイヤだと思っていた自分が、わずかでもチームの役に立てた。試合はそのまま終了し、僕たちは決勝トーナメント進出を決めた。

実はこの試合の前、圭佑からこう言われていた。

「オレもゴールをとるから、オカもとれ！」

あとになって圭佑がテレビの取材で、あの場面で（自分で打たないで）パスを出してしまうのが自分自身の未熟なところだと話していたみたいだが、僕は勝手にこう思っている。

「もしもゴール前にいたのがオレじゃなかったら、あいつはシュートを打っていたんじゃないかな」

圭佑が「オカも決めろ！」と言っていたからそう思ったわけではないのだが、あのときはなんだか悔しかった。悔しかったという表現が適切ではないのはわかっているのだけど、当時は周囲をとても気にしている自分がいた。「ホンダのパスが良かった」と言う世論に押されたことに加えて、僕自身も「自分で決めた！」という感覚が薄かったというのもある。

僕はもともと、自分が「使われる」選手であることに少なからず抵抗があった。周囲から見れば、「今更何を言ってんだ」と思われるだろうけど、僕なりに「1人では決められないストライカー」な自分にどことなく劣等感があった。でも今は違う。僕は「活かされるプレーヤー」だと胸を張って言えるから。

圭佑にパスを出した理由を聞いたこともないし、この先も聞くことはないと思う。今、同じ状況でゴールを決めたら、僕はそんな感情にはならないはずだけど、あのときは追い詰められていたので、ゴールを素直に喜べなかった。

このゴールを誰よりも喜んでくれた人がいた。それがうちの嫁だ。

苦しんでいたときに、嫁に電話をすることも多かった。僕はあまり電話をかけるのが好きなほうではないから、これはけっこう珍しい。それだけ大会中は追い込まれていたし、嫁も

「電話かけてくるくらいだから、よっぽど辛《つら》いんだろうな」と心配をしていたと思う。

「バリカンでボウズにしようかなぁ？　そうすれば気が晴れるだろうし……」

「そういう問題じゃないでしょ！　そもそも、似合わないし。辛くても、頑張って！」

彼女は常にそうやって励ましてくれていた。

デンマーク戦を終えてホテルに帰ってくると、電話がかかってきた。「＋81」で始まる日本の番号だ。

「救われたよー」

かすれた声で嫁にそう言われた。あの試合は日本の深夜に行なわれたので長男は寝ていたみたいだが、起こされたばかりで寝ぼけている長男の声も電話越しに聞こえてきた。嫁も一緒になって苦しんでくれていたんだな。そう思うと、彼女の言葉が心底ありがたかった。

代理人のロベルト佃さんが以前、こんなことを話していた。

「オカは本当に良い奥さんと出会えたよね。お互いにないものを、相手が持っている。オカザキ夫婦を見ていると2人でひとつって感じがするなぁ」

ロベさんと出会ったばかりのころは、「やっぱり代理人って口が上手いんだなぁ」なんて思っていた僕だけど、この言葉は素直に嬉しかった。

「うちの主人はだらしない」と感じながらも嫁が僕のことを好きでいてくれなければ今の関係はないと思う。彼女の作る温かい空気が好きだ。それに、僕が話すとき、まずは耳をかたむけてくれる。僕が間違っていると思えば、ためらわずに指摘してくれる。

最近はやらないけれど、エスパルスでプレーしていたときには試合に向けて家を出る前に、家族みんなで円陣を組んでいたこともあった（笑）。

僕たちは2人でひとつになって、生きている。だから、あのゴールはちょっと特別なのだ。サッカーだけではなくて、夫婦の絆を感じさせてくれるものだったから。


〈妻からのメッセージ〉


あのころは、私まで追い詰められているような気がしていました。自分の親戚や友人、知人のみなさんが主人を応援してくれ、地元のテレビ局の方などからも私を取材させて欲しいと声をかけていただいて……。今だったら主人のマネージメント事務所の方に交渉をお願いしたり、相談させていただくのですが、当時は事務所にお世話になる前だったんです。ですから、主人が南アフリカへと旅だったあとは、取材を受けるかどうかは私自身が判断しないといけませんでした。

私が取材してもらえば、主人やエスパルスのためにもなる。自分が断るのもおかしな話。そう思いつつも、逃げ出したい気持ちになったこともありました。ちょうど、2番目の子を妊娠中で、つわりがひどい時期だったので、余計に苦しかったんです。

そんななかで主人がゴールを決めた。私はサッカーに詳しくないのですが、ゴールしたことなら一目でわかる。あの瞬間は涙が止まらなかった。

どんな形であれ、ゴールはゴール。私も一緒に解き放たれたような、救われたような、そんな気持ちになったんです。

主人のゴールを見てからしばらくすると、興奮してきて、眠っていた長男も叩《たた》き起こしました（笑）。

「んー、どうしたのー？」

なんて寝ぼけていましたけど、主人と電話がつながると、あの子の耳元に携帯電話を近づけました。

主人にとってあの大会は悔しい思いのほうが大きいのかもしれないですけど、私にとっては忘れられない思い出となっています。

圭佑と語り合った最後の夜

サッカー選手の夜は長い。

1試合の間に相手選手と何度もぶつかり、11㎞前後を走る。カラダはほてり、アタマもさえてしまう。だから、試合のあとはなかなか寝つけないのだ。ましてや、4年に1回の大会で、ＰＫ戦で負けてしまったあとなら、尚更だった。

あの試合はナイトゲームだった。負けた悔しさもあった。ホテルに帰っても、すぐに眠れるはずがない。靴も脱がず、僕は部屋のベッドにあおむけになって天井を眺めていた。

「コンコン！」

しばらくして部屋のドアをノックする音が聞こえてきた。重い腰を上げて、ドアを開けると、圭佑が立っていた。

北京オリンピックのＵ－23日本代表としてともに戦った仲間でもあるから、当時からよく話をしていた。ただ、日本代表に入ってから、圭佑とはそれほど深い話をしていたわけではない。それに大会期間中は練習や試合のことでアタマがいっぱいだ。１人になって考えたり、イメージしたりしなければいけないこともたくさんある。だから、あの晩はずいぶん久しぶりに、圭佑とゆっくり話をすることになった。

自分たちには何が足りなかったのか。これから、僕たちはどんなサッカーをしていきたいのか。話題は尽きなくて、お互いの生い立ちにも話は及んだ。

圭佑のそれまで育ってきた環境を聞いていると、感心せずにはいられなかった。

「スゲェな……」

僕はそんな相づちばかり打っていた気がする。こんなことも伝えた。

「圭佑の生きざま、本に書けばエェやん」

逆に、僕の半生について聞いた圭佑には、あきれられたような気がする。

「オレ、人とまともにケンカした記憶もないわー」

と話したら、こう返された。

「そんな〝イイ人〟で、ようサッカー選手になれたな。そんな性格でどうやったら、ここまで来れるんや？　逆にスゴイわ」

必死で説明したつもりだけど、上手く伝えるには言葉が足りなかったのかもしれない。

当然ながら、あの夜のメインテーマはサッカーだった。

「悔しいけど、現時点ではまだ、韓国のほうが上を行ってるかもしれん」

そんな風に話した記憶がある。

あの大会の僕たちはそれまでに取り組んできたサッカーを捨て、超守備的に戦った。それでどうにか決勝トーナメント1回戦、ベスト16まで進めた。ライバルの韓国は結果だけ見れば、僕たちと同じベスト16。でも、僕たちのように相手に徹底的に合わせた戦いをしていたわけではなく、グループリーグではアルゼンチンに大敗したものの、ギリシャにはしっかりと勝って、ナイジェリアとも引き分け。決勝トーナメント1回戦では、ベスト4に進むウルグアイと接戦を演じていた。

圭佑と話していくなかで、こみ上げてきたのは2つの悔しさだった。
1、自分たちのやりたいサッカーが出来なかった悔しさ。
2、自分がチームにあまり貢献出来なかった悔しさ。
あのとき、守備的なサッカーをすることになったのは仕方がない面もあった。でも、あのようなサッカーでは限界があるなと大会を通して感じていた。僕たちなら、もっと攻撃的なサッカーで世界を驚かせることが出来るはず、とも。その悔しさが、大会以降の僕たちの心のよりどころと言うか、原動力になっていると思う。


南アフリカが終わってみると、大会前とはワールドカップへの思いが大きく変わった。あの大会の意味や大きさに気がついていなかったころの僕ではない。

だから、またワールドカップに出て、悔しさを喜びに変えられたらいいなと思っている。

監督の部屋に呼ばれたあの日から、今日までずっと思っている。ちょっと青くさいけれど、忘れ物をとりに帰りたい。

あとがき

ブラジルワールドカップの開幕がすぐそこまで迫ってきた。僕自身も、メンバーに選ばれて、最高の準備が出来たらいいなと思っている。

もちろん、大会に向けて期するものはある。でも、それをここで記すことは出来ない。僕ははい上がってきたタイプの人間だ。

コンフェデのときもそうだった。

「これまで強豪国との試合ではゴールを決めていませんが、今回はゴールを決めようと燃えているのではないですか？」

「今回はレギュラーとして初めて臨む国際大会になりそうですが、岡崎選手の意気込みを教えてください！」

そんな質問を、記者の方から何度も受けた。

「この大会は僕のものではなくて、日本代表として挑戦するものなので……」

そのように答えて、何かを宣言することもなく、質問をいなした。

それはやはり２０１０年の反省があったからだ。あのときには、大会前に思ってもいないことを口にして、自分の首をしめていたから。

思うことはたくさんあったけれど、それを口にせずに臨んだあの大会は、微力ながらチームに貢献することが出来た。

大会最後の試合となったメキシコ戦が終わったときにようやく、記者のみなさんに僕はこう答えることが出来た。

「アジアの国などを相手にしたときにはよく決めていると言われていましたけれど、ここで一皮むけたかなという手ごたえを自分自身のなかでも持てました。それは自信になります。前回の本大会ではすべての試合で途中出場でした。大きな国際大会に先発で出るというのは初めての経験だったので、感じるところは色々とありました」

チームのために、そして日本のために全力を尽くす。僕に言えるのは、それだけだ。

つまらないヤツと思われてしまうかもしれないけれど、自分にプレッシャーをかけるのではなく、むしろ、そういったものを排除して、目の前の試合に全力を尽くす。それが僕のスタイル。だって、僕は弱い人間だから。マインツで行なう練習試合でも、日本代表の一員として戦うワールドカップであっても、スタイルは変わらない。

ただ、そんな僕でもひとつだけ誇りに思っているものがある。日本代表で決めてきたゴールの数だ。これまで僕は38ゴールを決めてきた。ゴールの数は、自分の未来を照らすものではなくて、自分のこれまでの努力を教えてくれるもの。ゴンさんにも、圭佑にも、佑都にもなれない僕にとっての、唯一の勲章なのかもしれない。

○

僕の本を、読んでくれる人がいるのだろうか？

まえがきにも記したそんな不安は、この終盤でも消えていません。最後まで読んでくれたみなさん、どうもありがとうございました。

失敗ばかりだった僕の半生と、そこで感じてきたことを書いたこの本が、読者のみなさんにとって少しでも参考になったり、勇気づけたりするものであったらいいなと思っています。

ただ、本を書くことで最も成長出来たのは、他ならぬ僕自身なのかもしれません。自分に自信があるわけでもなくて、「正しいのは○○だ！」などと断言することの出来ない僕。

この本を書きながら、自分がこれまで歩んできた道を、苦しいとき（苦しんでばかりですが〔笑〕にもらったアドバイスを、そしてその苦しみをどうやって乗り越えてきたのかを、改めて振り返ることが出来ました。それに、本を作りながら考えを整理出来たために、自分のなかでは不思議に思っていたことも、少しずつ理解出来るようになってきました。

今、改めて思い出した言葉があります。

「ひるまず、おごらず、はつらつと」

これは母校・滝川二高のモットーです。顧問であり、サッカー部の監督を務めていた黒田先生から、この言葉を何度かけてもらったか。

「ひるまず」という言葉が、僕の背中を押してくれました。

「失敗してもいいじゃないか。オレがどれだけ失敗してきたか。失敗の数だけならワールドクラスや」

そう思ったことは一度や二度ではありません。

「おごらず」という言葉を僕は「妄信している」のかもしれません。それくらい、僕は自信がありません（笑）。ゴールを決めたとしても調子に乗らずにいられるのは、「おごったら終わりだな」という考えが僕の心に刻み込まれているからだと考えています。

「はつらつと」サッカーをしてきたことについては、ほんの少しだけ自信を持っています。エスパルスに入ったころは先輩から叱られてばかりでした。そんな僕が腐らずに、あるいはグラウンドの片隅に追いやられずに、ボールを蹴ることが出来たのは、怒られても、あきれられても、元気はつらつとサッカーをやろうと心がけてきたからなのだと思っています。

僕が、ひとつずつステップを踏んで前に進んでこられたのは、実は、あのモットーを通して人間性を磨かせようとした黒田先生の考えが正しかったからなのかもしれません。

ボールを蹴ったり止めたりする技術を磨く前に、高度な戦術を理解するサッカー脳を鍛える前に、先の見えない恐怖の走り込みをする前に、人として大切なものを教えてくれた。サッカーだけをやらせるわけではない。そんな指導は、遠回りなように見えて、僕がサッカー選手として成長するためには近道だったのかもしれません。

他のみんなと比べて、はるかに足が遅い僕がここまで来られたのは、黒田先生をはじめとして、僕が出会ってきたみなさんに助けられ、モットー通り歩んでこられたからなのです。

そんな宝物のような言葉を、読者のみなさんにもぜひ知ってもらいたかった。僕の生い立ちなんて大したものではありません。ただ、僕を見守ってくれた人たち、僕を助けてくれた言葉、僕を成長させてくれた環境は、どれも最高のものだったと胸を張ることが出来ます。

また、この本でどうしても伝えたかったのが、僕をプロサッカー選手として受け入れてくれた清水エスパルスへの感謝の思いです。

シュツットガルトへ移籍する前、クラブの一部関係者には挨拶をさせてもらったのですが、僕を支えてくれたファンやサポーターのみなさんに報告する機会がありませんでした。

2軍にあたるサテライトの試合にも出られないような僕に、「頑張ってね！」と声をかけてくれたり、清水の中心部からは遠く離れた三保《みほ》にある練習場まで足を運び、「応援してるぞ！」と言ってくれたり。それに、シュツットガルトに移籍したあとも、わざわざドイツにまでファンレターを送ってくださった方もいたんです！

フォワードとしてエスパルスに入ってから、プロ3年目に初ゴールを決めるまでは、本当に辛《つら》かった。

「こんなオレを応援してくれる人がいるんだ。ここで頑張らないでどうする？」

みなさんの存在を励みにして、僕はあの時期を乗り越えられました。

エスパルスのサポーターは、僕にとって、とても心強かったし、成長させてもらったと感謝しています。今も代表の試合になると、たくさんのエスパルスサポーターが会場にかけつけてくださることは僕のパワーになっています。

最後に、パーソナルトレーナーとして支えてくれ、僕に関する原稿も書いてくれた杉本龍勇《たつお》さん、僕の所属する事務所、スポーツコンサルティングジャパンのみなさん、僕を支えてくれる2人の息子と妻、両親と兄、そして、この本で名前を挙げることは出来なかったけれども僕のことを温かく見守り、助けてくれたすべてのみなさんにお礼を述べたいと思います。

２０１４年４月１日　岡崎慎司

文庫版によせて。

僕の原理原則が詰まった一冊。

『鈍足バンザイ！』の単行本がこの世に出てから約4年がたち、改めて読み返してみても、この本の内容は色褪《あ》せていないと感じる。だって、僕はこの本で「正解はこれだ！」なんて主張したわけではないし、オラオラ系の自信家でもない。そんな僕が悩んでいたり、気持ちを楽にするために実践している話を記したものだから。

ただ、お世話になった先輩や恩師からの話や言葉だけは胸を張って、素晴らしいものだと言えたし、その気持ちは今も変わっていない。

結局、この本って、僕のサッカー人生における「教本」みたいなもの。取材や後輩たちから意見を求められることもあるが、そんなときに話す内容の本質は、ここに書かれていることと少しも変わっていない。岡崎慎司という〝サッカーバカ〟が、どのように考え、行動しているかが記されているのだ。

取材とか講演とか、色々な場面で『鈍足バンザイ！』を読んでもらえたらすごく嬉しいと言い続けてきたのには、そんな理由がある。

ただ、あれから約4年がたった。ドイツからイギリスにわたり、プレミアリーグで優勝するなど、色々な経験も積んだ。新たに気づけたこともあったし、その陰で数え切れないくらいの失敗もしてきた。だから、当時は伝えられなかったことも書けるし、より自信をもって薦められることもある。そして、少しだけニュアンスが変わってきたものもある。

僕はまもなく32歳になるけれど、鈍足は少し解消されて、貪欲さがだいぶ増した気がする。まだまだ、サッカーを続けていくし、この世界で上に登り詰めたいという気持ちに変わりはない。

貪欲バンザイ！

２０１４年のブラジルワールドカップ。僕はちょっぴり自信をもって、あの大会に臨んだ。日本代表では、アルベルト・ザッケローニ監督（当時）が就任して最初のアルゼンチン戦で決勝ゴールを決めてから、ずっと信頼して試合に使ってもらっていたためだ。

また、ワールドカップの1年前にブラジルで開かれたコンフェデレーションズカップでは、チームとしては残念な結果に終わったものの、僕は3試合で2ゴールを決めていた。岡崎はアジア相手の試合しか点が取れない、という批判も払しょくしていた。

しかも、ワールドカップ直前の2013-14シーズンでは、マインツ（ドイツ）で15ゴールを決めた。日本人のヨーロッパ主要1部リーグでの最多記録となったし、自分がプロになってから1年間のリーグ戦で最も多いゴール数だった。

そして、僕らは「ワールドカップで優勝する」と宣言して、世界を驚かせるようなサッカーをしようと誓い合っていた。

自信の裏付けとして、これだけの理由があったのだ。

鼻息を荒くして、僕はあの大会に臨んでいた――。


でも、ご存じのとおり、結果は1分2敗。3試合が終わったところで、荷物をまとめて、ブラジルを後にすることになった。

僕と（本田）圭佑は2010年の南アフリカワールドカップに続いてゴールを決めたけど、チームがあげたのはその2点だけ。僕がゴールを決めたグループリーグ第3戦のコロンビア戦も、1－4で敗れてしまった。

サッカー選手は26歳から30歳くらいが、最も脂が乗る時期だと言われている。当時28歳だった僕は、自分の日本代表のキャリアのなかでピークとなるタイミングで迎える大会だと思っていた。このワールドカップで結果を出せる、と信じていた。だからこそ、落胆も大きかった。

南アフリカワールドカップのときもそうだったように、あの大会が終わった夜も、圭佑と一緒にホテルの部屋で話をした。

まぁ、敗因は色々とあった。

自分たちが試合を支配することばかりを考えていて、相手にボールを支配されたときの対策が十分ではなかった。怪我をしている選手は少なかったけれど、コンディションがベストではない選手が多かった。大会前の合宿を含めて、選手たちには疲労がたまっていたように感じる。キャンプ地と試合会場の気候の差が大きくて、身体が重かった……。

失意を味わったブラジルワールドカップが終わったあと、僕の考え方はけっこう変化していった。

自分だけが成長していても、世界では勝てないな。そんな思いが強くなった。

次のロシアワールドカップでは、自分より若い世代の選手たちが出てこないとダメだ。いやいや、世界と戦うサッカー選手を育てるためには、日本の教育から変えていかないといけない。そんなことに意識が向いていたと思う。

SNSで積極的に発信し始めたのも、あの大会についてある程度の整理ができた翌年から。それは自分の経験を、これからサッカー選手となる子どもたち、現役の若い選手たちに伝えたかったからだ。それが日本サッカー界のためになるとも考えていた。

でも、それは間違いだった。

この後に書いていくことになるけれど、2015年の夏にドイツのマインツから、イングランドのレスターへ移籍して、それまで味わったことのない経験もした。奇跡とまで言われたリーグ優勝も経験したし、サッカー選手にとって最高の舞台と言われるチャンピオンズリーグにも出場した。嬉しいこともたくさんあったし、悔しい思いを味わったことも山のようにある。

そんな経験が、また自分を奮い立たせてくれた。「オレが成長しないとダメやな」と。

この本でも書いたように、毎年オフ期間中に僕が楽しみにしている「俊さん会」がある。日本代表の大先輩でもある中村俊輔さんを独占して、質問攻めにする会だ。そこでこんなことを言われた。

「29歳になるとたぶん、オカは消えていくだろうな（笑）。足が重くなって、オマエみたいな選手は不利になっていくんだよ」と。

後に29歳になった自分から、自然と口に出た言葉がある。2016年の3月29日、日本代表のシリア戦のことだった。あの試合で、僕は日本代表の歴史のなかでフォワードの選手として初めて、出場試合数が100試合に到達した。試合前に普段はハセさん（長谷部誠選手）が左腕に巻いているキャプテンマークを渡され、僕がキャプテンを務めることになった。

そんな試合をどうにか勝利で飾ると、試合後に記念のセレモニーを開いてもらい、「100」とプリントされた日本代表のユニフォームを贈呈された。ありがたかった。

しかし、だ。

マイクの前に立たされて埼玉スタジアム2002を満員に埋めたサポーターのみなさんに挨拶することになった。そんな話は、一切知らされてなかった。

そのせいで、挨拶をするようにうながされたとき、とっさにこう叫んでしまった。

「こんなのあるのかー、マジで!?」

しかも、そんな声を、マイクが拾っていた（笑）。あの日、会場にいたみんなに僕の〝素〟のリアクションを聞かれてしまった。そんな状況でスピーチを拒否したら、しらけてしまう。

だから、パッと頭に浮かんだことを話させてもらった。

「えー、応援ありがとうございました！　こういう場所でスピーチするのは苦手なので、何を言えばいいかわからないんですけど（笑）。たくさんの人のおかげで、こうやって100試合出場することができたので、本当にその感謝の気持ちをもって、まだまだ、頑張りたいと思います。まだまだ、『貪欲な29歳』、これからも頑張ります！　応援、よろしくお願いしまっす！」

気がついたら、〝貪欲〟と口にしていた。

やっぱり、そこだよな。

SNSで積極的に意見や考え方を発信していたけど、それで疲れてしまう自分がいたし、満足してしまいそうな僕がいた。

「やっぱり、背中で語るくらいがちょうどいいな。そうやって自分の経験や考え方をベラベラ話しても、お腹いっぱいになっちゃいそうだ」

そんな風に思った。

僕は僕らしく生きていけばいいし、その生き方を見て、何かを感じ取ってくれる後輩や子どもがいたら、もちろん嬉しい。

貪欲バンザイ！

足も少し速くなったし、これが今の僕の考えだ。

無知を自覚している。

２０１４－15シーズンの終盤、不思議な気分を味わっていた。

ブラジルワールドカップ直後のシーズン、マインツでの2年目のことだ。ドイツの新聞には連日のように僕への〝ラブレター〟が載っていた。ドイツの強豪であるボルシア・メンヘングラッドバッハ（以下ボルシアＭＧ）が、マインツに移籍金を支払ってまで僕を獲得しようと動いてくれていたからだ。

移籍に関する話し合いは極秘で進められるか、大々的に行なわれるか、のどちらかだ。このときはメディアを巻き込んでの公開告白といった感じだった。もちろん、ボルシアＭＧの選手編成の責任者からも直々に熱い思いを聞かせてもらった。「オレのことをそんな風に評価してくれているんかぁ」と嬉しく思ったのをよく覚えている。

そして、何より、ボルシアMGは、翌シーズンのチャンピオンズリーグに出場することが確実となっていた。

チャンピオンズリーグは、ワールドカップをしのいで、サッカーの世界で最もレベルが高い大会だと言われている。この大会に31試合も出ているウッチー（内田篤人）でさえ、この大会の話になると饒舌になる……。


しかし僕はそんなありがたいお話を断った。


なぜなら世界最強のリーグと言われる、イングランドのプレミアリーグに所属するレスターが僕を欲しがってくれたからだ。

ただ、当時のレスターは1部の下位にくすぶっていて、2部落ちが濃厚だと見られていた。2部に落ちると、チームの補強方針は変わってきてしまうのでどうなるかはわからないからハラハラしたけれど、最終的には1部残留を果たした。これで迷う要素はなくなった。そもそも、彼らはこのシーズンの終わりだけではなく、シーズンの始まる前も、シーズンの途中にも僕にラブコールを送ってくれていたし。

そんなレスターへの移籍を決めた。理由もシンプル。世界一と言われるプレミアリーグでプレーしたかったからだ。

直感に近いとも言えるし、初志貫徹とも言えるかもしれない。でも、決め手はそれだけだった。シュツットガルトからマインツへ移籍する前から、胸のなかにあった夢を実現させたかった。

ボルシアMGへ移籍すれば世界最高峰のチャンピオンズリーグに出場できるのはほぼ間違いない。ドイツ内での移籍だったら、新しいチームメイトのことも、対戦相手のことも、ブンデスリーガの雰囲気も知っているのだから、対応しやすい。だから、レスターへの移籍に首をかしげる人はいた（後にレスターでチャンピオンズリーグに出場することになるのだが、あの時点でレスターが優勝したり、チャンピオンズリーグの舞台に立つと予想したものは世界中を見渡してもほとんどいなかった）。

マインツへ残留することも含めて、僕がよく知るドイツでの戦いを続けるのは居心地が良いものだったのかもしれない。

でも、それは自分の性格上、楽しいと思えなくて。

やっぱり、見たことがないところに行ってみたいし、未経験の地で自分に何ができるのか、試行錯誤しながらサッカーをすることで成長を感じたい。全く知らない土地だけど、自分が行きたかった場所で生きていくのは楽しいだろうし、サッカーを飽きずにやれるという確信だけはあった。

実際、イングランドのプレミアリーグには、化け物みたいな選手がゴロゴロいた。移籍したばかりのころは、試合前に正直、しんどいなと思うこともしょっちゅうだった。ドイツにも身体の大きな選手は多いし、そういう選手にマークされるとやっかいだなと思うことはあった。

そもそも、イングランドでは相手チームの選手と接触するときに〝痛い〟という感覚があった。それは、しんどいんですよ（笑）。ただ、イングランドでの戦いも3年目を迎えて、そういうぶつかり合いにも慣れてきた。些細なことかもしれないけど、そういうところでも成長は実感できている。

この本にも書いたように、高校を卒業するときにも、地元のヴィッセル神戸から熱心に誘ってもらったし、それは今でもありがたいと思っている。

それでも、僕は清水エスパルスを選んだ。もちろん、ヴィッセルに入団したとしても得られるものはたくさんあったと思う。ただ、エスパルスを選んで良かったと心から感じている（この本にはエスパルスの先輩方とのやりとりや、貴重なアドバイスであふれているし）。

マインツではエースストライカーという地位を確立して、お年寄りから小さな子どものサポーターまでが温かい声をかけてくれた。それを捨てて、試合に出たり、出られなかったりする日々を送ることになったのだから、他人からは「岡崎は停滞しているな」と見えたかもしれない。でも、実際にはレベルアップしているなと実感しながらプレーしてきた。だから、自分が長くプレーするために、ストライカーとしてレベルアップするために、どんな選択をすることが近道で、どんなところへ移籍するのが遠回りなのかなんて、実際にはわからない。簡単に答えが見つかるわけでもない。

それならば、直感的と思われるかもしれないけど、自分が前々から抱いていた思いのままに行動するのがいいのかなと思った。

僕は、上手に話せない。圭佑のように言葉にパワーがあるわけではない。ウッチーのようにセンスやユーモアがあるわけでもない。表現がうまくはないのかもしれないけど、ありがたいことに、サッカーをする際の基準は的確だと言ってもらえることが多い。

でも、何故、そんな基準をもつことができるのだろうか。

自分はサッカーに関して無知だ、と知っているからだと思う。だからこそ、何か参考になることはないかと耳をダンボにして30年以上生きてきた。「無知なりのアンテナ」を頭の上に立てているということかな。

無知だからこそ、サッカーに関して自分に必要だなと思ったアドバイスや話は、誰よりも耳に入る。

例えば、エスパルスにコーチとしてやってきた（杉本）龍勇さんと出会って、「あぁ、必要なのはこれや！」と思って、個人的に契約させてもらったのもそうだ。これまでお世話になった人たちから貴重なアドバイスを聞けたのは僕の誇りだ。繰り返すけれど、この本を一人でも多くの人に読んでもらいたいと言い続けているのは、それだけみなさんの言葉は深くて、意義のあるものだと確信しているからでもある。

僕はサッカーが下手で、センスもなくて、足も遅かった（↑龍勇さんのおかげで、少しずつ改善中！）。それを自分でもわかっていたから、そうやって貪欲に吸収することができた。

そんなこんなで僕は、レスター移籍を直感で決めた。

そして、決めた後に、気がついたことがあった。

「ブラジルワールドカップでは自分の力不足を実感したから、個人としての能力を磨かないといけない。サッカーの戦術やテクニックではイングランドより勝っているリーグはある。でも、個人の選手のレベルの争いではイングランドが世界一だ。今の自分にとって足りないのはそこなんや」

あの決断が正しいと思える理由が後からでも見つかるということは、あのときの自分にとって最適な決断だった。そこについては、今も胸を張って言える。


さすがに、レスターが今世紀最大の奇跡と言われる優勝を果たしたり、レスターの選手としてチャンピオンズリーグの舞台に立つ日が来るなんて、思わなかったけれど（笑）。

でも、どうして、あの時点でレスターに移籍すると決められたのかと聞かれたら、やっぱり、「ビビっと直感的に判断した」という答えになる。

そして、どうしてそんな形で決断できたのかと問われたら、「無知なりのアンテナを立てているからです」という答えしか思いつかないんだよなぁ。

悔しい。けど、嬉しい。

すでに書いてきたように、前のシーズンで奇跡の1部残留を果たしたレスターに、２０１５年の夏に移籍した。

そこで世紀の番狂わせとも言われるプレミアリーグ優勝を果たした。ヨーロッパだけではなく、世界的な話題になった。なにしろ、プレミアリーグは世界一のお金持ちリーグ。イングランドでは選手や監督の報酬は年額ではなく、1週間でいくら稼ぐのかで報じるのが一般的だ。マンチェスター・ユナイテッド、マンチェスター・シティ、チェルシー、アーセナル、リバプール……。世界的に有名なクラブでは週給が２０００万円（！）を超える選手や監督がゴロゴロいる。そんななかで、ラニエリ監督（当時）が選手たちにピザをご馳走するというニュースが話題になるようなチームが優勝したのだから、当然なのかもしれない。

あの1年間でどんな出来事があって、そのなかで僕がどんなことを感じてきたのかは『未到』という本に書かせてもらったから、あえて繰り返さないけれど、幸いにしてレスターが優勝することで、色々なメディアで取り上げてもらった。ありがたいことだった。

とはいえ、ご存じのとおり、僕はあまのじゃくなので、みなさんに取材をしてもらうなかで、色々なことを感じていた（笑）。

「おめでとうございます！　岡崎さんの力で弱小のレスターを世紀の優勝に導きましたね！」

そんな言葉をかけられれば、「いやいや、やっぱり、ヴァーディーやマフレズの力があったからだろう」と思ってしまう自分がいた。

ヴァーディーは、２０１２シーズンまでイングランドの5部に相当するリーグでプレーしていた選手で、その後に当時は2部リーグだったレスターへ移籍。２０１５－16シーズンにはプレミアリーグ新記録となる11試合連続ゴールを達成したストライカーだ。シンデレラストーリーを体現した選手でもある。

右サイドのミッドフィルダーのマフレズは、このシーズンには17ゴール、11アシストを記録して、年間最優秀選手に選ばれた。今では、週給２０００万円を超える金額で、ビッグクラブが獲得を狙っている選手だ。

後で触れるけど、彼らの活躍なしに優勝はなかった。それは明らかだ。

その一方で……。

僕は、インターネット上に書かれていた「岡崎は取り替え可能な脇役」なんて声にはちょっと反感も覚えた。僕はチームメイトがうまくプレーできるように汚れ役もいとわなかった。優勝したシーズンに加入したのはフクスとカンテと僕ら3人で、それぞれが、それぞれの良いところを持ち寄って戦ったからこその優勝だという自負はある。だから、チームで重要な役割を担っていたと胸を張れる自分もいる（もちろん、その結果に十分に満足はしていないし、うぬぼれてもいないけど……）。

まぁ、色々な意見があって当然なのかもしれないけど、はっきりと言えることが2つある。

1つは優勝を達成した瞬間には、細かいことは忘れるくらいに嬉しかったということ。テレビや雑誌のニュースで見た人もいるかもしれないけど、優勝争いをしていたトッテナムよりも先に試合（第36節）を終えていた僕たちは、エースのヴァーディーの家にチームメイトみんなで集まって、チェルシー対トッテナムの試合を観戦した。そして、トッテナムが引き分けに終わったことで、僕らの優勝が決まった。その瞬間に喜びは爆発した。

僕にとってはプロになって、クラブチームでは初めての優勝だったから、興奮して、興奮して……。実は、あの瞬間のことはよく覚えていない。後になって、ニュースなどの映像を見て、「あぁ、オレはこんなに喜んでいたんや」と思い出したくらいだ。

そして、もう1つ。僕は悔しかった。とにかく、悔しかった。

あのシーズンに僕が決めたのは5ゴールだが、もしも10ゴールを決めていたら、もっと違う感覚があったと思う。フォワードの選手でありながら、守備だけではなく、チームを救ったり、チームを勝たせるために汗を流したけど、ヴァーディーやマフレズのように、岡崎のゴールがなければ勝てなかったと言われるような試合は多くない。『キャプテン翼』みたいだ、とみんなが話題にしてくれたニューキャッスル戦で決めたオーバーヘッドによるゴールを含めて、決勝ゴールは2つ。もっとゴールでチームに貢献したかった。自分が良いプレーをしていて、ゴールを決められそうな感覚があったのに途中交代を命じられた試合もたくさんあったのは事実だ。

でも、ヴァーディーやマフレズは、この世界でのし上がってやろうという貪欲さがすごかった。「こいつら、スゲェな」と感じた瞬間はいくつもあった。

だから、自分ももっと大きなことをやってのけたいという思いが湧いてきて、「それができていないオレ、まだまだやぁ」と悔しさを覚えた。

ただ、ここから先が大事なこと。

そういう気持ちがある限り、自分はもっと上を目指せるし、成長できるなと思ったのは紛れもない事実だった。

だから、ものすごく悔しかったけれど、その悔しさを味わえたことがメチャクチャ嬉しかった。〝嬉しい悔しさ〟という感じかな。

周りの人は、あの奇跡の優勝を成し遂げたことは、とてつもない価値があると言うかもしれない。そして、いつか(遠い、遠い先のつもりだけど)、自分が引退したときに、あの優勝をかみしめる日が来るのかもしれない。

でも、現役の貪欲なストライカーとして戦っているうちは、あそこで〝嬉しい悔しさ〟を味わえたことのほうがずっと、意味があるのだ。

だから、「まだまだ成長できるんや」と考えられたし、周囲に驚かれながらもプレミアリーグに行って良かったと思っている。

やっぱり他人のせいには、しないほうがいい。

他人のせいにしない、というのはスポーツの世界では案外、大切なことだ。

サッカーは団体競技ではあるけれど、そのなかで個人が各々成長していかないといけない。そして、個人の成長を考えたとき、他人のせいにしてしまうのは避けるべき行為だ。

「他人のせいにする＝言い訳をする」だと思う。

例えば、自分が怪我をしたときのことを考えてみる。

相手チームの選手との接触による怪我ならば、対戦相手にフェアプレー精神が欠けていたと考えることもできるだろう。走っている最中に肉離れをしてしまったら、ピッチの状態が悪かったからで、それはグラウンドを整備するグラウンドキーパーがきちんと仕事をしなかったからだと責任をなすりつけることもできる。あるいは、僕たちは３－０でリードしていたんだから、他の選手にチャンスを与えて、僕をベンチに下げておけば、怪我をすることはなかった……という風に監督の采配に文句をつけることも可能だ。

自分が必死で練習をしているのに、なかなか試合に出してもらえなかったら、それはもう、言い訳の余地は山のようにある。

監督の見る目がない。監督が他の選手をひいきしている。ライバルは運が強かった。チーム選びが失敗だったわけで、代理人が悪い等々。

まぁ、いくらでも言い訳は作れる。

でも、それではダメだ。試合に出られないのには理由がある。監督が求めるプレーをでき

ていないのかもしれない。監督の指示が理解できていない可能性もある。自分のなかでは頑

張っているように思っていても、それを表現する作業が十分でないから、他人に伝わらない

のかもしれない。

では、オカザキはどうしているのかと言いますと……。

言い訳をしてしまったり、他人のせいにしてしまうことがよくあります（笑）。

例えば、レスターでの2シーズン目となる、2016－17シーズンのこと。僕らを奇跡の

優勝に導いたラニエリ監督が解任されてしまった。ラニエリが解任される直前には先発から

外れることが多くなっていた僕は、シェイクスピア監督（当時）が就任すると、スタメンに

復帰した。そこからチームはリーグ戦で5連勝して息を吹き返すのだが、そのなかでスタメ

ンが替わらなかったのは僕のポジションだけだった。だから、周囲からも「岡崎のレスター

での役割は大きい」という声が高まっていた。

でも、そこからチームとして息を吹き返した状態で臨んだチャンピオンズリーグの準々決

勝のアトレティコ・マドリードとの試合では……。4月12日に行なわれたファーストレグも、4月18日のセカンドレグも、先発しながら、ハーフタイムで交代を命じられた。

そんな失意のなかで、強豪のアーセナル戦を迎えた。シーズン終盤戦の4月26日のことだ。前日の練習まではレギュラー組でプレーしていた僕は、試合当日のホテルでのミーティングで先発から外れることを知らされた。

「周りからも岡崎がいるからチームの成績が良くなったと言われているじゃないか！　監督はオレに対するリスペクトはないのか。人として、あまりにヒドイ仕打ちじゃないか！」

口に出さなかったけど、僕は心のなかで怒りに震えていた。

アーセナル戦で僕の出番がめぐってきたのは、後半の25分からだった。これまでも試合の終盤に相手が疲れてくると、相手のマークがゆるくなるから、スタミナのある自分には大きなチャンスが来るはずだと思ったことが1度や2度だけではない。この試合でも、案の定、絶好のチャンスが転がってきた。

でも、僕はそのシュートを外してしまった……。

「なんや、オレは。意地を見せられないやん!」

心のなかで、そう感じた。恥ずかしかった。反省もした。

でも……。あまりにポジティブと思われるかもしれないけど、「あぁ、オレはこれでまた頑張れるんやな」とも感じられたのだ。

2002年の日韓ワールドカップで活躍したドイツ人の有名なゴールキーパーのカーンさんはこんな風に話しているという。

「チャンピオンズリーグというのは、ものすごく大きな大会なんだ。この大会を戦っていると、ものすごいアドレナリンが出る。知らず知らずのうちに、心は疲れてしまう。だから、チャンピオンズリーグに初めて出場した選手たちは、リーグ戦で普段のパフォーマンスを出せなくなる」

正直なところ、その言葉もわかる気がする。前のシーズンと違って、あの時点で僕らのリーグ優勝は考えられない状態にあった。そして、みんなが気合を入れて臨んでいたチャンピオンズリーグでの戦いも終わってしまった。モチベーションを見出しづらい状況にあったけど、あのアーセナル戦で味わった恥ずかしさがあるからこそ、そこからのリーグ戦5試合を全力で戦えるなと個人的に思えた。それは大きかった。

先発から外されたという事実は、他人のせいにできる。でも、そこでめぐってきたチャンスを活かせなかったのは、100%自分のせいだった。

それを実感したとき、やっぱり、他人のせいにしていたら成長はないなと思った。そして、そうやってネガティブな気持ちでサッカーをするのは良くないと、しみじみ感じた。

テレビや雑誌のインタビューのなかで、スポーツ選手が苦境におちいっても、常に自分と向き合って、それを乗り越えたという話はよくある。あまのじゃくな僕は「ホンマかいな。そんなにキレイな世界ではないやろ」と感じてしまうこともある（笑）。

実際に、僕も一度は、自分をスタメンから外した監督のせいにしたわけだから。でも、それじゃあダメだと気づいた。

スポーツの世界に限らず、成長するためには他人のせいにして、言い訳を作っていてはダメ。それは真実だと思う。

僕は、うまくいかないときに他人のせいにすることはある。そして、それは必ずしも悪いことだけではない気がする。他人のせいにすることで、自分の自信を保てる。そこで保った自信が、何かをするときのパワーになることもある。なんでもかんでも、自分のせいにしたら、心が耐えられなくなってしまうかもしれない。

だから、それでもいい。

でも、いつまでも他人のせいにするのはダメ。そんな考え方をしてしまう自分の未熟さにハッと気づいて、自分と向き合うようにしている。

いつだって自分と向き合えるほど強くはないけど、いつまでも他人のせいにするようなことはしない。僕はそんな生き方をしている。

息子の一言が嬉しかった。

2015年の1月、僕がまだマインツでプレーしていた時期に、家族が日本へ帰ることになった。

長男が小学校へ進学するタイミングで、嫁と2人の息子たちは東京で暮らすことにしたのだ。家族で色々と話し合ったうえで決めたことだった。嫁の実家がある静岡で暮らすことも考えたけど、僕がエスパルスに所属していたことを知っている方も多くて、どうしても「あいつは岡崎の子だ」という目で見られてしまう可能性があった。だから、東京を選んだ。

というのも、長男はそれまでドイツの幼稚園に通っていたのだけど、なかなか厳しいなと感じることも多くなっていた。小学校の入学が近い年齢になると、ドイツ人の子たちの話す内容も込み入ったものになってくる。長男も一生懸命にドイツ語を勉強してはいたけれど、やはり外国語だから簡単ではない。気がつけば、幼稚園が終わると、家に帰ってきて、うちの次男や僕と遊ぶことが多くなっていた。また、うちの息子たちが将来、どのような道に進むのかはわからないけど、プロサッカー選手の子どもという特殊な環境ではなく、ごくごく普通の環境で育ってほしいという願いもあった。僕の子ども時代がそうだったように。

こうして、僕の単身赴任はスタートした。イングランドへ移籍した当初は野望に燃えたぎっていたから良かった。でも、いつもなら代表の活動で平均すると2か月に1回くらいは日本に帰ることができるのだが、2015年のスケジュールが少し特殊だった。そのせいで、2015年の夏以降は代表戦のあとにわずかな時間を日本で家族と過ごすチャンスもなかった。

この本でも書いたとおり、家族の存在はとても大事だ。家族が海外の生活になじめず、それを心配するあまり、サッカーに集中できなくなってしまう、なんてケースも実はけっこうある。うちの場合は、ドイツにいた時代には嫁がヨーロッパでの生活に適応してくれて冬休みに日本へ帰らないこともあったくらいだから、心配はなかったわけだけど……。

それでも、晴れの日が少なく、曇り空ばかりがひろがるイングランドで、孤独を感じることも多くなっていた。

そんなとき、僕らは家族会議を開いた。

レスターの街に日本人は多くはないけれど、大英帝国の首都ロンドンにはたくさんの日本人が住んでいる。日本食にも困らない（ロンドンのラーメン屋は大人気だ）。日本人学校もある。しかも、イングランドは他の国と比べて試合数が多いために、練習量が少ない。当時のレスターでも、週に2回は休みがあった。

そこで、2016年の1月、わずか1年で東京とレスターで離れていた単身赴任生活を終えることにした。今度はレスターとロンドンによる二重生活をスタートさせたのだ。

ロンドンには日本人学校もあるから、外国語がうまく話せなくて友だちを作れない、という心配もない。休みの日の前日の練習を終えてからレスターを出て、ロンドンの家へ行き、

2泊する。そして、翌朝の電車でレスターに向かう。そんな生活がスタートした。

幸いにしてロンドンとレスターの間は、電車で1時間ちょっと。しかも、当時レスターでプレーしていたシュウォーツァーというオーストラリア人のキーパーはロンドンのチームにいた時期が長かったため、僕と同じように家族がロンドンに住んでいた。休みの日の翌朝、僕らはロンドンのセント・パンクラスという駅で落ち合い、一緒にレスターに通勤するのが日課となった。


しかし、岡崎家は常に進化していく集団なのだ（カッコつけすぎかな）。

今季（2017－18シーズン）からは、家族も結局、レスターへ引っ越してくることになった。というのも、2016－17シーズンは先にも書いたとおりにチャンピオンズリーグに出場したことで、試合数がそれまで以上に多く、ロンドンに行くこともままならなかったからだ。

イングランドはリーグ戦に加え2つの国内カップ戦があり、ただでさえ日程が詰まっているけど、チャンピオンズリーグにも出場するとなると、週に2回ペースで試合が続き、休んでいる時間もなくなる。アウェーゲームがあると、試合前日に移動して、現地のホテルに泊まる。試合が終わればレスターに戻り、また次の試合に備える。特にチャンピオンズリーグは夜に行なわれるため、試合後に移動できるケースはほとんどない。そうなると、普段のリーグ戦のときもあわせて、週に2、3日はホテルで過ごすなんてことが珍しくなかった。今季は国内の大会だけだから昨季に比べれば平穏な日々を過ごせている。

レスターで家族一緒に暮らすことになったのは、息子の一言が決め手だった。

「ボク、英語の学校に通ってもいいから、みんなで一緒に住みたいな！」

ドイツにいたときに、ドイツ語に苦しんだ経験があるのに、そんなことを言ってくれた。まぁ、男性名詞、女性名詞、中性名詞、定冠詞、不定冠詞、格変化、der, die, das……とドイツ語は確かに難しい（笑）。それに比べて英語は、やはりなじみがある。そんな側面もあるのかもしれないけど、息子の一言が僕は嬉しかった。面と向かって聞いてはいないけど、嫁も嬉しかったはず。

ドイツで暮らしていたときには、良い時期もあったし、辛い時期もあった。家族でドイツにあるレゴランドへ遊びに行って僕がはしゃいでいたら、他の3人が寒さに凍えていたなんてこともあった（笑）。

そして日本とイングランドに離れて暮らし、さらにロンドンとレスターで離れて暮らし、

「うちの家族って、大丈夫なんかなぁ」と心配になったこともあった。

だから、息子が「みんなで一緒に住みたいな！」と言ってくれたことは、心の底から嬉しかった。普通は子どもが親に感謝するものなのかもしれないけど、父親として子どもたちに感謝した。もちろん、僕の見えないところで大変な思いをしていた嫁にも。

最近はうちの子たちも、今まで以上にサッカーが好きになったみたいで、「サッカーしに行こう！」と言って来たりもしてくれる。泣かせるやつらだ……。

最終的には他人のせいにしないことが大事と語ってきたけど、そうやってポジティブに考えられるのも、家族と一緒に住んで、平穏な時間を過ごしていられるからなのかもしれない。

ちなみに、エスパルスでプレーしていたときには、家を出る前に家族みんなで円陣を組んでいたことも、そういうことはやめたということも、すでに書いたとおりだ。

でも……。

スポーツのドキュメントや映画を見たことがある人ならわかるかもしれないが、サッカー選手は試合前にロッカールームを出るときには、控えの選手やスタッフとハイタッチをして、大きな声を出して試合に臨む。

最近の岡崎家では、僕が試合に向けて家を出るときに、必ずハイタッチをして気合を入れるのが日課になっている。

サッカー道を究めたい。

最後まで読んでくださり、ありがとうございました。

4年後の『鈍足バンザイ!』はみなさんにどんな風に読んでもらえているのだろうか。やっぱり、心配だ(笑)。

今はまだ、みなさんに上手に伝えられるわけではないけど、最近の僕が試しているのは、自分の調子が良いときでも、悪いときでも、監督やチームメイトとの温度差を一定に保つことだ。

やっぱり、調子が良いと、自分のことを使って欲しいと思う気持ちが強くなる。そんなときに、いつもより長い時間プレーさせてくれるかどうか。すべてを決めるのは監督だ。調子が良いのにもかかわらず、自分の出番が短いときに、「なんでオレのことを使ってくれないんや!?」とイライラしていてはダメ。ストレスが増えるだけだ。

この本でも書いたけど、監督に期待しすぎないのは大切なこと。監督の決断は、自分ではコントロールできないものだから。そこに意識を向けても、感情のアップダウンが大きくなるだけで、あまり良いことはない。

自分がコントロールできること——つまり、自分の練習に臨む態度であったり、全力を投じる姿勢——に、すべての意識を向けるべきだな。最近はそんなことを思いながらボールを蹴っている。

スポーツの世界でよく言われる、「一喜一憂するな」という考え方に近いとは思う。

ただ、喜んだり、悔しがったりしなくなると、つまらないし、成長もできなくなるんじゃないかなという自分もいる。

これは本書で記した「監督を信頼しすぎない」という考え方の延長線上にあるのかなとも思う。

つまり、この本に書いてきたことは、4年たった今でも古くなっていないけれど、少しずつその内容が進歩していたり、考え方がシンプルになっていたりする。

なんで、こんなに必死でサッカー選手をやっているんだろうと考えることがある。もちろん、答えはないのだけれど、書道や茶道みたいに〝サッカー道〟を究めていきたいという思いがあることだけは確かだ。

サッカー選手という道を、毎日、研究している感じに近いのかもしれない。

研究者って、「あの人、変わっているよね」と言われたり、「おたく気質がある」なんて言われたりもするけど、僕もそうなのかもしれない。これから先もまだまだ、貪欲にサッカー選手について研究していきたい。

そして、ちょっぴり思うのは……。

研究者が世紀の発見をしたらノーベル賞などをもらって評価されることがあるけれど、いつか僕もみんなに認められたい気持ちが、実は、ある。つきつめれば、他人の評価は気にしないんだけど。やっぱり、岡崎慎司だって人間だもの。

今年の6月には、ロシアワールドカップが控えている。僕は32歳で迎えることになる。この本にも書いてきたように試合でベストを尽くせるように、どんな監督にも期待しすぎないように僕は心がけている。誰かに期待するパワーは、自分が成長するために使うようにしているから。

岡崎にとっては、ワールドカップに出場できる最後のチャンスだろう、という声もあるみたいだ。でも、僕は、36歳で迎えるカタールで開催予定のワールドカップにも出場できるチヤンスは十分にあると考えている。だから、ロシアワールドカップが近づいてきても、代表に入れるか、入れないかは気にせずに、目の前の練習と試合に全力でぶつかっていく。結局、それが成長するために、そしてもちろん、活躍するためには何より大切なことだから。

岡崎慎司

1986年4月16日生まれ。兵庫県出身。

滝川第二高校では、1年時からレギュラーとして活躍。

3年連続で全国高校サッカー選手権に出場。

高校卒業後に清水エスパルス加入。

2011年ドイツ・VfBシュツットガルトへ、
2013年ドイツ・1.FSVマインツ05へ移籍。

マインツでは2季連続で2桁得点をあげる。

2015年6月にイングランド・プレミアリーグのレスター・シティFCへ。

移籍1年目でレスター史上初のプレミアリーグ優勝に貢献する。

サッカー日本代表48ゴールは歴代3位（111試合出場。※2017年12月16日現在）。

受賞歴は、2009年度Jリーグベストイレブン、
2009年IFFHS世界得点王（年間15得点）、
2010年宝塚市特別賞など。

174cm、76kg。ポジションはフォワード。

岡崎慎司オフィシャルブログ
lineblog.me/okazakishinji/

この作品は二〇一四年四月小社より刊行されたものに
「文庫版によせて。」を加えたものです。

鈍足《どんそく》バンザイ!

僕《ぼく》は足《あし》が遅《おそ》かったからこそ、今《いま》がある。

岡崎慎司《おかざきしんじ》

平成30年4月10日　初版発行

発行人――石原正康
編集人――袖山満一子
発行所――株式会社幻冬舎
〒151-0051東京都渋谷区千駄ヶ谷4-9-7
電話　03(5411)6222(営業)
　　　03(5411)6211(編集)
　　振替00120-8-767643
印刷・製本―中央精版印刷株式会社
装丁者――高橋雅之
検印廃止

幻冬舎文庫

ISBN978-4-344-42718-1　C0195　お-51-1

幻冬舎ホームページアドレス　http://www.gentosha.co.jp/
この本に関するご意見・ご感想をメールでお寄せいただく場合は、
comment@gentosha.co.jpまで。